이란 고전 읽기

왕서

شاهنامه

훼르도씨 작

فردوسی

구글의 이미지에서

* 이 책은 2012년도 한국외국어대학교 교내학술연구비의 지원에 의하여 이루어진 것임.

김 영연

약　　력 : 한국외국어대학교 동양어대학 이란어과 교수
　　　　　이란 테헤란대학교 페르시아어문학과정 수료
　　　　　이란 타르비야테모다레스대학원 객원연구원
　　　　　비교문학(구비문학)박사

역·저서 : "한국어-이란어 사전", "땅의 저주", "세계민담집(이란편)", "집도 없이, 태양도 없이", "사면", "생각하는 크레파스 시리즈(100권)" 외."초보자를 위한 이란어읽기", "옛날이야기 이란어로 읽기", "영화로 배우는 이란어" 외

논　　문 : "한국에 수용된 천일야화 연구" 외 다수

이란고전읽기
왕서 شاهنامه

초판 1쇄 인쇄 / 2013년 2월 20일
초판 1쇄 발행 / 2013년 2월 28일
저자 / 김영연
발행인 / 서덕일
발행처 / 도서출판 문예림
출판등록 / 1962년 7월 12일 제 2-110호
주소 / 서울 광진구 군자동 195-21호 문예B/D 201호
전화 / 02-499-1281~2
팩스 / 02-499-1283
http://www.bookmoon.co.kr, www.ebs.co.kr
E-mail:book1281@hanmail.net
ISBN 978-89-7482-721-2 (13790)

잘못된 책은 구입하신 서점에서 교환하여 드립니다.
저자와의 협의에 의해 인지는 생략합니다.

목 차

머리말

훼르도씨와 왕서

제 1 과   씨여바쉬

제 2 과   로스탐과 쏘흐럽

제 3 과   로스탐의 일곱 모험

제 4 과   에스환드여르의 일곱 모험

제 5 과   로스탐과 에스환드여르의 전쟁

제 6 과   씨여바쉬의 죽음

제 7 과   로스탐과 보르주

제 8 과   자허크와 대장장이 커베

제 9 과   이라즈

제10과   훼레이둔

한글번역

머리말

이란의 문학사는 이슬람교의 유입 시기인 서기력 7세기를 전후로 이슬람 전기와 후기로 나눈다. 이슬람기(후기)의 9세기까지를 침묵기로, 10세기 ~ 15세기까지를 고전문학 황금기로, 16세기 ~ 18세기까지를 쇠퇴기로, 입헌혁명이 일어난 19세기말에서 20세기로 접어드는 시기를 근대문학기로 평가한다. 이란은 시문학을 군주로, 산문문학은 신하로 비유될 만큼 시문학을 중시하는 중동문학의 특성을 그대로 가지고 있다.

이란 고전 문학의 황금기는 문학사적 평가대로 이란을 대표하는 10대 시인을 배출한 시기이다. 이란어(훠르씨/퍼르씨)를 모국어로 하는 이란인들이라면 10대 시인의 싯귀는 자연스럽게 대화에 활용하는 언어생활을 통해 감성과 사고를 공유하는 소통의 도구로 실생활에 깊숙이 자리하고 있다. 이러한 문학적 환경 속에서 이란의 전설과 신화를 후손들에게 전한 10세기 민족의 대서사시인 훼르도씨의 '왕서'는 이란인들의 의식과 인간상의 원형이 되어 이란인의 의식 구조에 커다란 영향을 남긴 서사시집으로 그 가치성은 한 마디로 평할 수 없는 대작이다.

본서는 이란어 전공자들을 위해 운문으로 된 원문들의 대표작을 선택하여 평이한 문체와 어휘로 재구성하여 강의용 교재로 엮었다. 주참고 자료는 Hamkelasi 에서 출간한 Qesseha-ye Shahnameh(1382년 발행)으로 10화를 택하여 이야기 진행의 순서대로 배정하였고, 각 이란어 원문에 주를 달아 독해의 편리성을 제공하였으며, 한글 번역은 학습 효과를 높이기 위하여 완성된 의역보다는 문법 체계와 어휘. 숙어의 의미에 준한 직역과 의역의 균형 있는 비중으로 구성하였다. 물론 의역에 충실한 경우 이야기들의 흥미성은 높일 수 있겠으나, 본서는 강의용 교재라는 점을 중시하였다는 점을 이해해 주기 바란다. 또한 본서가 이란어의 전공자들에게는 전공으로서 언어와 문학에 조금이나마 도움이 된다면 그 이상의 기쁨은 없겠다. 본서의 오류와 실수가 있다고 하면 본인의 책임임을 밝히며, 외국어에 관심을 가지고 출판을 허락해 주신 문예림의 서 덕일 사장님께 깊은 감사를 드린다.

2013년 1월 엮은이

훼르도씨와 왕서

이란 고전 문학의 10대 시인에 속하는 훼르도씨의 본명은 아볼 거셈 만수르 에븐 하산으로 투스 출신이다. 이란 정부는 그의 출생년도를 서기력 934년으로, 사망은 1025년으로 정하여 기념하고 있다. 이는 그의 출생과 사망의 년도가 분명하지 않기 때문이다. 동부 이란에 속하는 투스의 지주계급에서 태어난 시인은 이란 고유의 문화와 전통을 지키고 있던 당시 지주 계급의 정신이 그대로 그에게 이어졌다. 그는 역사에 대해 관심과 애정이 깊었으며 나라와 민족을 사랑하는 마음은 가정교육이었고, 시인은 상상력이 풍부했다고 한다. 그가 대작을 쓰게된 동기는 200년간 아랍 문화에 잠식되었던 이란 문화를 다시 소생시킨 사만조(874-999)의 문화정책의 결과로 당시의 시대정신과 민족의식의 발로였다. 더불어 투스출신 시인 다기기의 미완성작인, 고쓰터씁왕과 조로아스터의 출현을 내용으로 한 1000행의 시를 마주하면서 시작되었다. 훼르도씨는 다기기가 젊은 나이로 그의 하인에 의해 978년 죽음을 당한 후, 980년부터 시작하여 1010년에 완성시켰다[1]. '왕서'를 당시 왕조인 사만조의 왕에게 받히려 했으나 정치적 변동으로 가즈나비조(962-1186)의 마흐무드(998-1030재위)에게 헌정했다. 가즈니조의 아랍어를 중시하는 문화정책으로의 변화와 이웃 터키계왕조와의 우호조약을 고려하여 이란의 애국심을 담은 '왕서'를 충분히 인정해 주지 않았다. 당시 70세를 넘긴 고령의 시인은 작품에 대한 대가에 실망한 나머지 만년은 고향에서 은둔생활을 하다 생을 마쳤다.

   신화란 그 나라의 정신이며 철학을 나타낸다. '왕서'는 6만행(베이트)으로 이루어진 대서사시집이다. '왕서'의 내용은 이란의 신화와 전설, 1대 왕 키부마르쓰부터 사산조(B.C.226-A.D.641)의 왕 야즈드게르드 3세까지의 역사적 이야기와 영웅들의 이야기로 흔히들 향연과 전쟁으로 그려진 일대 그림책 혹은 연대적으로 배열된 이야기의 지침서라든가 고대 페르시아로부터 전해

---

[1] 일설에 의하면 30-35년에 걸쳐 작시되었다고 한다.

지는 유산을 집대성한 이야기집이라 평한다. 시인은 시대적 인물을 통해 이란인의 인간적 이상형을 묘사하여 이란의 정신을 담았으며 이란 민족주의와 조국애를 갖게 한 기여도는 오늘날까지 인정되고 있다.

'왕서'는 내용상 신화시대·영웅시대·역사시대로 구분할 수있다. 신화시대는 배화교의 예언자 조로아스터에 얽힌 이야기, 영웅시대는 로스탐이 등장하는 투런인들과의 전쟁 이야기·역사시대는 비슈다데이조·가야니조·아쉬커니조·사산조의 네 왕조의 역대 왕 50명의 치세로 구성되어 전체적으로 보면 앞서 쓴대로, 키부마르쓰부터 야즈드게르드 3세까지이다. 비슈다데이조와 가야니조는 신화로 전설적인 왕조이다. 아쉬커니조 즉, 파르티아조(B.C.250-A.D.224)는 작품 전체에서 20행에 지나지 않는다. 그러므로 사산조를 제외하면 작품 전체가 역사에 준한 것보다는 전승된 이야기로 볼 수 있다. 이 내용 중에는 그리스에 관한 이야기로 알렉산더(스칸다르)도 등장한다. 사산조에 관련된 이야기는 약 18,000행으로 전체 1/3을 차지하고, 이슬람 전기의 이상적 군주인 쿠로쉬 1세(B.C.559-530)의 치세는 약 4,500행에 달한다. 원본은 전해지지 않고, 현존하는 최고(最古)의 사본은 13세기 후반의 것이다. 사본에 수록된 싯귀의 수는 다르지만 일반적으로 시간이 흐름에 따라 그 수가 더해지고 있다.

'왕서'의 이야기들은 비극과 로맨스는 있으나 희극은 없다. 5대 비극으로는, 이라즈이야기·로스탐과 쏘흐럽이야기·씨여바쉬이야기·훼루드이야기·로스탐과 에스환드여르이야기[2]이고, 로맨스로는 로스탐의 아버지 절과 루더베이야기와 비잔과 마니제이야기이다.

그가 활용한 시형식은 마쓰나비형이라 불리는 이란 고유의 독자적인 시형으로 한 행의 각운이 서로 압운이 되는 형식으로, 서사시라고 번역되며 사시(史詩). 영웅시. 로맨스시. 신비주의를 담은 시에 적용되어, 길이의 제한은 없고, 이 시형의 대표작의 하나가 '왕서'이다.

그의 시어는 그 이전까지 아랍어 지향의 길고 어려운 언어에서 쉽고 짧으며 확실한 의미를 전달하는 순수한 이란(페르시아)어로 당시의 문학에서는 느낄 수 없는 신선미와 상상력의 고양으로 생활 언어를 문어체의 문학적 언어로 위상을 높였다. 근세 페르시아어로 작시된 작품이라고는 하나 중세 페

---

[2] 본서는, '이라즈'. '로스탐과 쏘흐럽'. '씨여바쉬'. '로스탐과 에스환드여르의 전쟁'으로 제명하였음.

르시아어의 흔적도 있어, 비평가들은 이 작품이 중세 페르시아어와 근세 페르시아어를 결부시킨 중요한 시집으로 평하고 있다. 용어 중에는 고어라든가 사라진 어휘도 없지 않으나 '왕서'는 교훈적인 성격이 강해 금언과 격언의 보고로 현대 이란어의 어휘 의미를 전달하는 경우에도 예로 들만큼 시대를 초월한 이란어로서 역할을 하고 있어 언어학적인 측면에서도 그 가치성이 높다.

제1과
씨여바쉬

سیاوش[3]

یک روز که طوس، گیو[4] و گودرز[5]، سه تن از فرماندهان لشکر ایران زمین، برای شکار به نزدیکی مرز توران زمین رفته بودند، در آن دشت وسیع به دختری برخوردند، که از سرزمین توران فرار کرده بود، و به سوی ایران می آمد. فرماندهان ایرانی به سوی او شتافتند، و ماجرای فرارش را از وی جویا شدند[6]. دختر تورانی گفت:

((پدر من از خویشاوندان[7] افراسیاب[8]، فرمانروای توران زمین است. دیشب وقتی به خانه آمد، تصمیم داشت مرا با شمشیر به قتل رساند[9]. اما من با کمک

---

[3] [siāva/o/sh] 인명.
[4] [giv] 인명.
[5] [gudarz] 인명.
[6] [juya shodan] 문의하다. 조사하다.
[7] [khishāvandān] 친척. 친지(복수형).
[8] [afrāsiyāb] 인명.
[9] [qatl rasādan] 살해당하게 하다. 죽게 하다.

یکی از کنیزانم، شبانه به سوی ایران فرار کردم. اینک[10] ای پهلوانان! شما باید به من کمک کنید، چون پدرم به همراه چند تن دیگر در تعقیب[11] من هستند.))

فرماندهان ایرانی با شنیدن داستان او بسیار اندوهگین شدند، و تصمیم گرفتند به او کمک کنند. بنابراین او را با خود به نزد کیکاووس[12] آوردند. کیکاووس پس از آن که از ماجرای آن دختر تورانی با خبر شد، تصمیم گرفت با او ازدواج کند. سودابه[13]، همسر دیگر کیکاووس، که زن حسودی[14] بود، از همان ابتدا با او راه دشمنی در پیش گرفت، و لحظه ای از آزار و اذیت او دست برنداشت.

یکسال گذشت. دختر تورانی پسری زیبا و تندرست به دنیا آورد. کیکاووس که از تولد فرزندش بسیارخوشحال شده بود، او را سیاوش نامید. اما سودابه از تولد سیاوش به هیچ وجه خوشحال نبود، و هر روز کینه اش نسبت به سیاوش و مادرش بیشتر از روز قبل می شد. سیاوش که کودک باهوش و زیبایی بود،

---

[10] [inak] 지금부터. 자.
[11] [ta'qib] 뒤.
[12] [keikāvus] 인명.
[13] [sudābe] 인명.
[14] [hasud] 시기하는. 질투심 많은.

روز به روز بزرگتر می شد. کیکاووس از کینه همسرش سودابه نسبت به سیاوش آگاه بود، و نگران جان او بود. به همین دلیل، رستم پهلوان را از زابُلِستان فرا خواند، و از وی چاره کار را جویا شد. رستم در جواب گفت: ((اگر اجازه دهی من سیاوش را با خود به زابُلِستان می برم، و همچون پسر خویش، از وی مراقبت می کنم، تا از او پهلوانی بزرگ و شجاع بسازم.)) کیکاوس که به جوانمردی و درستکاری رستم اطمینان داشت، با پیشنهاد او موافقت کرد، و به این ترتیب، سیاوش کوچک به همراه رستم دستان[15] به سمت زابلستان به راه افتادند.

* * *

با گذشت زمان، عشق و علاقه رستم به سیاوش هر روز بیشتر می شد، به طوری که او را همچون فرزند خود گرامی می داشت[16]. اینک سالها از آن روزی که سیاوش به همراه رستم به زابلستان آمده بود، می گذشت، و سیاوش به سنین جوانی پا گذاشته بود. رستم در تمام این سالها فنون جنگاوری مثل شمشیر زدن، تیراندازی، اسب سواری و کُشتی را به سیاوش آموخته بود، و راه و رسم پهلوانی را به او یاد داده بود، و او اینک یکی از پهلوانان بسیار

---

[15] [dāstān] زال 의 다른 이름.
[16] [gerāmi dāshtan] 소중히 여기다.

بزرگ شده بود.

روزی سیاوش به نزد رستم آمد، و گفت:

((ای پهلوان نامدار! با آن که تو را بسیار دوست می دارم، و دوری تو را به آسانی نمی توانم تحمل کنم، از تو می خواهم اکنون که چیزهای بسیاری از تو یاد گرفته ام، اجازه دهی به نزد پدرم، کیکاووس، باز گردم، تا او نیز از آن چه آموخته ام[17]، آگاه شود.))

رستم با آن که از دوری سیاوش به شدت اندوهگین می شد، به او اجازه داد تا نزد پدرش، کیکاووس، باز گردد. به ترتیب سیاوش، پهلوان جوان، پس از سالها دوری به نزد پدرش باز گشت.

کیکاووس از باز گشت فرزند بسیار شادمان[18] شد، و از وی به گرمی استقبال کرد. با باز گشت سیاوش آتش کینه سودابه دوباره شعله ور شد[19]. او که چشم دیدن پهلوان جوان را نداشت، با بد گوییهای خود کم کم نظر کیکاووس را نسبت به سیاوش عوض کرد، و او را نسبت به فرزند بدبین ساخت. کینه ورزی[20] سودابه از یک سو، و بدبینی های پدر از سوی دیگر، زندگی را بر

---

[17] 그(케이커부쓰를 말함) 또한 내가 무엇을 배웠는지를 알게 되도록.
[18] [shādmān] 행복한. 즐거운.
[19] [sho'le var shodan] 불길이 확 타오르다. 불길이 치솟다.
[20] [kinevarzi] 복수심에 불타는. 증오심에 찬.

سیاوش مشکل کرد، و او را از ماندن در نزد پدر، بیزار ساخت[21].

***

روزی به کیکاووس خبر رسید، که لشکر افراسیاب به فرماندهی برادرش گرسیوَز[22]، به ایران حمله کرده، و شهر بَلخ را به تصرف خود در آورده است[23]. او از شنیدن این خبر بسیار خشمگین شد، و تصمیم گرفت با سپاهی عظیم، به بلخ حمله کرده، و آن را آزاد کند.

سیاوش که از بی خردی[24] پدرش آگاه بود، و می دانست اگر او فرمانده سپاه ایران باشد لشکر ایران حتماً شکست خواهد خورد، فرصت را مناسب دید، تا هم به جنگ تورانیان رفته، و آنها را از ایران بیرون براند، و هم از کاخ پدر، که تحمل آن برای او بسیار مشکل شده بود، رهایی پیدا کند.

بنابراین سیاوش به نزد پدرش کیکاووس آمد و گفت:

((ای پدر! تو خوب می دانی، که من پهلوانی شجاع، و تربیت شده ی دست جهان پهلوان رستم می باشم. از تو می خواهم که مرا به فرماندهی سپاه ایران انتخاب کنی، من به جنگ با تورانیان بروم.))

---

[21] [bizār sākht] 싫증나게 만들었다. 싫게 했다.
[22] [garsivaz] 인명.
[23] [be tasarof dar āvardan] 점유하다. 빼앗아 소유하다.
[24] [bi kheradi] 어리석음. 우둔함. 지식의 부족.

کیکاووس که از جوانمردی و دلیری سیاوش آگاه بود، با پیشنهاد او موافقت کرد، و گفت:

((ای سیاوش! من تو را به فرماندهی سپاه ایران به جنگ با تورانیان می فرستم، ولی از آن جایی که تو جوان و کم تجربه هستی، دستور می دهم تا رستم پهلوان هم از زابلستان به این جا بیاید، و در این جنگ در کنار تو باشد.))

دو هفته طول کشید، تا سپاهی بسیار عظیم فراهم شد. رستم و سپاهیان تحت فرمانش نیز از زابلستان آمدند، و به لشکر ایران پیوستند. رستم و سیاوش از این که پس از مدتها دوباره هم دیگر را می دیدند، و در کنار هم چون دو پدر و پسر به جنگ دشمن می رفتند، خوشحال بودند.

سپاه ایران به فرماندهی سیاوش جوان، و رستم پهلوان به نزدیکی شهر بلخ رسید. گرسیوز، فرمانده لشکر توران وقتی از آمدن لشکر ایران آگاه شد، با سپاهی عظیم از شهر بلخ بیرون آمد، و به لشکر ایران حمله کرد. نبرد[25] سختی میان دو سپاه در گرفت، و رستم و سیاوش، با رشادت[26] و دلیری بسیار

---

[25] [nabard] 전쟁. 전투.
[26] [re/a/shādat] 용맹. 용기. 용감.

به قلب سپاه دشمن هجوم می بردند[27]، و آنها را به خاک و خون می کشیدند. در آن میان، چشم رستم به گرسیوز افتاد، و بی درنگ[28] به او حمله برد. گرسیوز که تاب[29] مبارزه با رستم را نداشت، پا به فرار گذاشت. به این ترتیب سپاه تورانیان شکست خورد، و بلخ به دست ایرانیان افتاد. گرسیوز و دیگر تورانیانی که زنده مانده بودند، به توران فرار کردند، تا خبر شکست خود را به افراسیاب بدهند.

افراسیاب از شنیدن خبر شکست برادرش گرسیوز بسیار ناراحت شد، و تصمیم گرفت بار دیگر سپاهی عظیم فراهم آورد، و لشکر سیاوش حمله کند. اما شب هنگام در خواب دید که به دست سیاوش جوان کشته شده است. افراسیاب که بسیار ترسیده بود، خواب خود را برای نزدیکان و خواب گزارانش[30] بازگفت. خواب گزاران گفتند:

((شما در جنگ با سیاوش شکست خواهید خورد، و اگر هم سیاوش کشته شود، ایرانیان انتقام[31] او را از ما می گیرند، و ما هرگز روی آسایش نخواهیم دید.))

---

[27] [hozum bordan] 힘있게 몰려가다. 돌진하다. 돌격하다.
[28] [bi derang] 즉각. 지체함 없이.
[29] [tāb] 저항. 인내력.
[30] خواب گزار [khāb gozār] 해몽자. + ان + او
[31] [enteqām] 복수. 앙갚음.

افراسیاب که با دیدن این خواب از جنگ با سیاوش منصرف شده بود، به برادرش گرسیوز گفت:

((ای برادر! می خواهم با سیاوش پیمان صلح[32] ببندم[33]، و دست از جنگ با او بردارم. هم اکنون با هدایایی[34] فراوان، به نزد سیاوش برو، و پیام[35] صلح ما را به وی برسان.))

گرسیوز تنها و بدون شمشیر و نیزه[36]، بسوی سپاه ایران آمد، و هدایای ارسالی[37] افراسیاب را به سیاوش تقدیم کرده، و پیام صلح افراسیاب را به وی رسانید. رستم که پهلوانی شجاع و با تجربه بود، گفت:

((ای سیاوش! بهتر است قبل از آن که با افراسیاب پیمان صلح ببندیم، او را آزمایش کنیم، و مطمئن شویم حیله ای در کارش نیست. از او می خواهیم، تا اولاً یک صد تن از سربازانش را به عنوان گروگان[38] به نزد ما بفرستد، و دوماً تمام سربازان خود را از سرزمین ایران بیرون ببرد. اگر این دو شرط را پذیرفت، ما هم با او صلح خواهیم کرد.))

---

[32] [solh] 평화. 화평.
[33] [peimān bastan] 조약을 체결하다.
[34] [hedāyā] هدیه의 복수형. 선물.
[35] [payām] 서신. 전달. 통보.
[36] [neize] 창. 투창.
[37] [ersāl] 우송. 보냄.
[38] [gerougān] 인질.

گرسیوز به سوی افراسیاب بازگشت، و شرطهای سیاوش و رستم را برای وی بازگو کرد. افراسیاب که نمی خواست بار دیگر با سپاه ایران روبرو شود، به ناچار پذیرفت، و دستور داد تا تمام سپاهیانش از ایران خارج شده، و به آن طرف مرز توران بروند. سپس گرسیوز را همراه با صد تن از سربازان و مقداری هدیه، به سوی سیاوش فرستاد. وقتی شرطهای سیاوش و رستم اجرا شد، آنها با گرسیوز پیمان صلح بستند، و سوگند خوردند[39]، که با یک دیگر نجنگند. سپس رستم برای رسانیدن خبر صلح با افراسیاب به کیکاووس عازم پایتخت شد.

* * *

کیکاووس که غرور، اجازه درست فکر کردن را به او نمی داد، از شنیدن حرفهای رستم بسیار عصبانی شد، و فریاد زد:

((چگونه می توانیم با افراسیاب صلح کنیم؟ تو که فرمانده ی دنیا دیده ای هستی چرا فریب او را خوردی؟ مگر دشمنی او را فراموش کرده ای؟ اینک تو همین جا بمان، نیازی به رفتن تو نیست. من پهلوان طوس را به بلخ خواهم فرستاد تا دیگر بار آتش جنگ را روشن کند، و از او خواهم خواست که یکصد گروگان

---

[39] [sougand khordan] 선서하다. 맹세하다.

را به نزد من بفرستد، تا همه را گردن بزنم.))

رستم هر چند[40] تلاش کرد، تا خشم کیکاووس را فرو نشانده، و او را به تصمیمی درست وادار کند[41]، نتوانست. کیکاووس به هیچ روی سخن رستم را نمی پذیرفت، بنابراین رستم به او گفت:

((ای کیکاووس، حال که می خواهی طوس را به نزد سیاوش بفرستی و او را وادار به جنگ نمایی من در کنار تو نخواهم ماند، و به زابلستان بر خواهم گشت.))

سیاوش، فرمانده جوان در انتظار بازگشت پدر خوانده اش رستم بود، ولی با کمال تعجب دید که به جای رستم پیکی[42] از پایتخت به بلخ رسید. پیک آنچه را که اتفاق افتاده بود، برای سیاوش شرح داده، و نامه ی کیکاووس را به اطلاع وی رسانید. کیکاووس در نامه نوشته بود:

((ای سیاوش! پیمانت با افراسیاب را زیر پا گذار[43]، و با او بجنگ. یک صد گروگان او را به نزد من بفرست تا آنها را گردن بزنم.))

سیاوش بر سر دو راهی مانده بود. از یک سو پدرش از او می خواست که

---

[40] 아무리 ... 해도.
[41] [vādar kardan] 설득하다.
[42] [peik] 사자(使者). پیک + ..ی
[43] [zir-e pā gozāshtan] 무시하다.

بجنگد و گروگانها را بکشد. و از سوی دیگر روح جوانمردی به وی اجازه نمی داد تا پیمانش را بشکند. و یک صد بی گناه را به کشتن دهد. بالاخره تصمیم گرفت. قبل از رسیدن طوس به بلخ، زندانیان را آزاد کند. پس زنگه شاوران و بهرام، دو تن از فرماندهان و دوستان وفادارش[44] را به نزد خود خواند، و ماجرا را برای ایشان بازگو کرد، و گفت:

((ای دوستان وفادار! اگر بخواهم آغازگر جنگ باشم، باید پیمانی را که بسته ام بشکنم، و به عهدم[45] وفا نکنم[46]، و پدرم نیز گروگان ها ی بی گناه را بدون معطلی[47] گردن خواهد زد، و من دوست ندارم باعث مرگ آنان شوم. از طرفی، پدرم دستور داده است، که در صورت خودداری از جنگ به پایتخت بازگردم. اما می دانم در پایتخت کینه توزی[48]های سودابه، و بدبینی های کیکاووس در انتظارم خواهد بود. من نه می توانم برخلاف فولم، با افراسیاب بجنگم، و نه[49] می توانم به پایتخت بازگردم.))

آنگاه رو به فرمانده اش، زنگه شاوران، کرد، و گفت:

---

[44] [vafādār] 충성스러운. 충직한. 성실한.   وفادار + او=...ش
[45] ['ahd] 계약. 협정.   عهد + من=...م
[46] [vafā kardan] 지속하다
[47] [mo'attal] 기다리게 하는. 붙드는 일없이.
[48] [kine tuzi] 적대적 행위. 증오에 찬 행동.
[49] 강한 부정.

((ای زنگه شاوران! گروگانها را به نزد افراسیاب بازگردان، و تمامی این ماجرا را برای او بازگو کن. من هم پس از سرو سامان دادنِ[50] لشکر، و قبل از رسیدن سپهدار طوس، به سرزمین دیگری خواهم رفت، تا پس از این، شاهد خود خواهیها و غرورمندیها ی کیکاووس نباشم.))

***

زنگه شاوران به همراهِ گروگانها و پیامِ سیاوش عازم پایتختِ توران زمین شد. افراسیب وقتی پیام سیاوش را دریافت کرد، و از ماجرا با خبر شد، به شدت نگران شد، پس با وزیرش پیران[51] مشورت کرد. پیران گفت:

((بهتر است که سیاوش را به توران زمین دعوت کنیم و از آمدن او و استقبال نماییم زیرا اگر او در کنار ما باشد احتمال دارد[52] که خشم کیکاووس کمتر شده و به خاطر پسرش دست از جنگ با ما بردارد. سیاوش، پهلوان شجاع و جوانی است، تو می توانی دخترت فرنگیس[53] را به ازدواج او در بیاوری و به این ترتیب او در کنار تو خواهد ماند و همچون فرزندی دلیر به تو کمک خواهد کرد و اگر روزی به ایران زمین بازگردد، پس از کیکاووس به پادشاهی ایران

---

[50] [sar-o sāmān dādan] 개혁하여 재구성하다. 정착시키다.
[51] [pirān] 인명.
[52] [ehtemāl dāshtan] 가능성을 가지다.
[53] [farangis] 인명.

زمین خواهد رسید و ما دیگر با سرزمین ایران جنگی نخواهیم داشت.))

افراسیاب از شنیدن سخنان پیران بسیار خوشحال شد و برای دعوت سیاوش، نامه ای نوشته و آن را به زنگه شاوران سپرد تا برای سیاوش ببرد.

سیاوش وقتی نامه ی پر از مهر افراسیاب را دریافت کرد، بهرام را فراخواند و چنین گفت:

((ای بهرام! ای دوست عزیز! سرنوشت چنین بوده که من از ابتدای زندگی روی خوشی و مهربانی را نبینم. تا رسیدن پهلوان طوس از پایتخت، فرماندهی لشکر را به تو می سپارم و خود از این سرزمین می روم تا شاهدِ[54] کارها و تصمیم گیریهای بی خردانه[55] کیکاووس نباشم.))

سیاوش که چاره ای جز رفتن به توران زمین نداشت در حالیکه از شدت اندوه، اشک در چشمانش موج می زد[56]، بلخ را بسوی سرزمین توران، ترک کرد.

پس از اینکه سیاوش به گنگ[57]، پایتخت توران زمین رسید، افراسیاب با سپاهی عظیم به استقبال او آمد و با همان برخورد اول، مهر[58] سیاوش در دل

---

[54] [shāhed ...budan] 입증하다.
[55] [bi kheradāne] 바보스러운. 바보스럽게.
[56] [mouj zadan] 물결치다. (눈물이) 쏟아지다.
[57] [gang] 지명.
[58] [mehr] 사랑. 애정.

افراسیاب نشست. او دستور داد تا کاخ زیبایی برای پهلوان جوان آماده کردند و چند روز بعد، ازدواج سیاوش، با دختر جوانش، فرنگیس را ترتیب داد و بدین ترتیب سیاوش با فرنگیس ازدواج نمود.

제2과
로스탐과 쏘흐럽

رستم و سهراب

در یک روز بهاری، پهلوان[59] رستم برای شکار، از شهر خارج شد، در شکارگاه آهوی زیبایی بر خورد، اما آهو چنگ گریخت و رستم پهلوان آهو را تا نزدیکی شهر سمنگان[60] در سرزمین توران تعقیب کرد و در آهو را شکار کرد و تصمیم گرفت مدتی استراحت کند. افسار[61] اسب را رها کرد و رخش[62] در آن چمنزار سرسبز مشغول چرا شد. جهان پهلوان، آتشی روشن کرد پس از کباب کردن آهو، برای مدتی روی سبزه ها، به خواب رفت.

رخش اسب با وفای رستم، به همگام چرا، از او دور شد. پنج سوار سمنگانی که از آنجا عبور می کردند، با دیدن رخش، او را شناختند. یکی از آنها گفت :

---

[59] [pahlavān] 영웅. 용사.
[60] [samangān] 지명.
[61] [afsār] 고삐.
[62] [rakhsh] 로스탐의 말 이름.

((ای دوستان! این اسب، اسب رستم پهلوان است. من او را بارها در جنگ دیده ام. او باید از صاحبش گریخته باشد. او را بگیریم و با خود به سمنگان ببریم.))

سواران با کمند[63]های خود به رخش حمله کردند. او را با طنابهای محکم بسته و با خود به سمنگان بردند. حاکم سمنگان، پس از آگاهی از ماجرا، بسیار نگران شد و چنین گفت :

((رستم، پهلوان بزرگ، حتماً به دنبال اسب خویش، به اینجا خواهد آمد. هیچکس توان مبارزه با او را ندارد. شما نباید این اسب را می آوردید. حالا باید او را راضی نموده[64] و اسب را به او بازگردانیم.) از طرف درگر، رستم، پس از بیدار شدن از خواب، رخش را در کنار خود ندید. او به جستجو کرد، و رد پایش را تعقیب نمود تا به شهر سمنگان رسید. حاکم شهر سمنگان وقتی از آمدن رستم به شهر آگاه شد، با هدایای[65] فراوان به استقبال او آمد و رخش را به او باز گرداند. سپس از رستم دعوت کرد تا مدتی در شهر، مهمان آنها باشد. رستم که از یافتن رخش، بسیار خوشحال بود، پیشنهاد حاکم سمنگان را پذیرفت

---

[63] [kaman] 올가미. 덫.
[64] [rāzi namudan] 잘 돌보다.
[65] [hedāyā] هدایا [hediye] 선물의 복수형.

و به قصر او رفت.

مدتی از آمدن رستم به قصر حاکم سمنگان می گذشت که روزی، با تهمینه[66] دختر حاکم سمنگان، آشنا شد و تصمیم گرفت با او ازدواج کند، بنابراین نزد حاکم سمنگان رفته و از تهمینه خواستگاری نمود. حاکم سمنگان با این ازدواج، موافقت کرد و گفت :

((ای پهلوان! هیچکس نباید از ازدواج شما آگاه شود و این موضوع باید مخفی بماند. زیرا ما در خدمت افراسیاب[67] پادشاه سرزمین توران هستیم. افراسیاب دشمن کیکاووس[68] پادشاه ایران است و با لشکر ایران در حال جنگ است. او نباید از ازدواج دختر من با یکی از فرماندهان سپاه ایران آگاه شود.))

از ازدواج مخفیانه رستم و تهمینه مدتی گذشت و او باید نزد کیکاووس پادشاه ایران، بازمی گشت. او برای خداحافظی نزد تهمینه آمده و مهره ای زیبا را از بازوی خویش باز کرد و به همسرش داد و گفت : ((ای همسر مهربانم! اگر خداوند به ما دختری عطا[69] فرمود، این مهره را بر گیسوان[70] او ببند و اگر

---

[66] [tahmine] 인명.
[67] [afrāsiyāb] 인명.
[68] [keikāvus] 인명.
[69] ['atā] 선사. 기증.
[70] ان + گیسو = [gisu] 동글 동글 말린 머리. 여성의 머리카락.

صاحب پسری شدی، این مهره⁷¹ را به عنوان نشانه ای از پدر بر بازویش ببند.)) سپس سوار رخش شده و با سرعت بسوی زادگاه⁷² خود ایران، باز گشت.

نه ماه از رفتن رستم گذشت که تهمینه، پسر بسیار زیبایی به دنیا آورد⁷³. نام او را به خاطر چهره ی خندانش سهراب گذاشتند. با بزرگتر شدن سهراب، خلق⁷⁴ و خو و رفتار او نیز بیشتر شبیه پدرش، رستم می شد. او از تمام همسالان خود قویتر و با هوش تر بود. و از همان کودکی، نزد پدر بزرگش حاکم سمنگان و دیگر پهلوانان، شروع به یادگیری تیراندازی و شمشیر زنی کرد و خیلی سریع تمام مهارتهای جنگاوری و پهلوانی⁷⁵ را فرا گرفت. بطوریکه در سن ده سالگی، کسی توانایی مبارزه و کشتی گرفتن با او را نداشت. تهمینه به سفارش رستم، عمل کرده و مهره را بر بازوی سهراب بسته بود ولی سهراب، هنوز از راز پدر خویش بی اطلاع بود.

روزی، سهراب از مادرش پرسید ((ای مادر! چرا از پدرم چیزی به من نمی

---

⁷¹ [mohre] 구슬. 둥근 장식.
⁷² [zādgāh] 태어난 곳.
⁷³ 낳다.
⁷⁴ [kholq] 성격. 기질. = خو(ی)
⁷⁵ [tamām-e mahārat-e jangāvari va pahlavāni] 모든 영웅적이고 용감한 기술.

گویی؟ این مهره ای که بر بازوی من است چه معنای دارد؟ چرا من از تمام همسالان و دوستانم قویتر هستم و هیچکس نمی تواند با من مبارزه کند؟))
تهمینه که فهمید دیگر نمی تواند این راز را از سهراب، پنهان کند، در جواب او چنین گفت :((ای پسرم! پدر تو رستم پهلوان است و تو پسر بزرگترین پهلوان جهان هستی. ولی افراسیاب نباید از این موضوع آگاه شود. زیرا پدرت، فرمانده سپاه ایران، در جنگ با افراسیاب است. اگر افراسیاب تو را بشناسد، حتما تو را از بین خواهد برد.))

ولی سهراب گفت :

((ای مادر! چرا تاکنون مرا از داشتن چنین پدری آگاه نکرده ای؟ چرا به من نگفته بودی که رستم پهلوان، پدر من است. من کیکاووس را نابود می کنم و پدرم را به جای او بر تخت می نشانم و سپس به کمک او، افراسیاب را از بین خواهم برد، زیرا کیکاووس و افراسیاب، باعث جدایی من و پدرم می باشند)) و بدین ترتیب سهراب جوان، عازم جنگ با لشکر کیکاووس گردید. از طرفی آوازه[76] شجاعت و پهلوانی سهراب به گوش افراسیاب، پادشاه توران زمین

---

[76] [āvāze] 명성.

رسید و او توسط جاسوسانش[77] از اینکه سهراب، پسر جهان پهلوان رستم، می باشد، آگاه گردید.

افراسیاب به هومان[78]، یکی از فرماندهان خویش چنین دستور داد :
((ای هومان! تنها کسی که می تواند رستم را از بین ببرد، سهراب است. تو باید کاری کنی که این دو، بدون شناختن یکدیگر، باهم مبارزه کنند. اگر سهراب، رستم را از بین ببرد ما بر لشکر کیکاووس پیروز خواهیم شد و اگر رستم، سهراب را نابود سازد، بعد از شناختن او دیگر، نمی تواند تحمل کند و او هم از غم کشته شدن فرزندش به دست خود، از بین خواهد رفت.)) سر انجام روز نبرد[79] فردا رسید. لشکر ایرانیان و لشکر تورانیان در مقابل هم صف آرایی کردند. سهراب جوان، بدون اینکه از وجود پدر خویش، خبر داشته باشد، در میان سپاه افراسیاب، ایستاده بود. سهراب به لشکر کیکاووس حمله کرد. با هر ضربه شمشیر او ده تن از سپاهیان بر زمین می افتادند. با دیدن دلاوری[80] سهراب جوان، هراس[81] در

---

[77] ش... + ان + جاسوس = [jāsus] 간첩. 스파이, 그의 스파이(간첩)들.
[78] [human] 인명.
[79] [nabard] 전투. 투쟁. 격투.
[80] [delāvari] 용맹. 용감. 용기.
[81] [harās] 무서움. 공포. 두려움.

دل سپاهیان کیکاووس افتاد. هجیر[82] یکی از فرماندهان بزرگ لشکر ایران، با دیدن شجاعت سهراب، به او حمله کرد. دو پهلوان مدتی با هم جنگیدند ولی تمام ضربه های هجیر، روی سهراب، اثری نداشت. سرانجام سهراب کمند خویش را به سوی هجیر پرتاب کرد. کمند به دور[83] گردن هجیر افتاد و او را از روی اسب بر زمین کوبید.

سهراب که هجیر را اسیر خود کرده بود از او خواست تا رستم را در میان سپاه ایران، به او نشان بدهد. هجیر که زور بازوی پرتوان[84] سهراب را دیده بود و فهمیده بود که این جوان، تنها کسی است که می تواند رستم را از بین ببرد، از روی وفاداری به رستم به خاطر حفظ جان او به سهراب چنین جواب داد :

((ای پهلوان جوان! قسم می خورم که رستم در این جنگ شرکت نکرده است و او اکنون در زادگاهش در زابلستان[85] است.))

مدتی گذشت، کیکاووس که از دور شاهد مبارزه سهراب بود و دانسته بود که در بین سپاهیانش کسی بجز رستم، توان مقابله با سهراب را ندارد، دستور داد

---

[82] [hojir] 인명.
[83] [doure] ...둘레에.
[84] [por tavān] 힘이 강한. 강한 힘.
[85] [zābolestān] 지명.

تا رستم برای مبارزه با او به میدان برود.

رستم با دیدن چهره زیبا و جوان سهراب به او گفت :

((ای جوان! چرا می خواهی خودت را بکشتن دهی؟ من به تنهایی لشکر دیوان را نابود ساخته و با اژدها جنگیده ام. من قادرم[86]، نهنگ[87] را از پای در بیاورم. ولی دوست ندارم جوان شجاعی چون تو، به دست من، کشته گردد. اکنون دست از جنگ بردار و به شهر خود بازگرد.))

سهراب جوان که این حرفهای جوانمردانه[88] را از آن پهلوان دلیر[89] شنید، گفت :

((ای پهلوان دلیر! من تاکنون پهلوانی به قدرت و جوانمردی تو ندیده ام. تو باید رستم دستان[90]، پهلوان بزرگ جهان، باشی. زودتر حقیقت را به من بگو.))

ولی رستم به او جواب داد :

((ای جوان! من رستم نیستم. او پهلوان بی همتایی است که خورشید در

---

[86] قادر ام = [qāder] 힘이 강한. 할 수 있는.
[87] [nahang] 고래(동물). 몸이 아주 큰 사람.
[88] [javānmardāne] 관대하게. 젊은이 답게.
[89] [dalir] 용감한.
[90] 로스탐의 아버지 절의 다른 이름.

مقابل او به خاک می افتد.))

سهراب که با شنیدن این سخنان و به یاد آوردن گفته های هجیر، مطمئن شده بود که پدرش در میان سپاهیان ایران نیست، تصمیم گرفت با تمام قدرت با این پهلوان بجنگد و او را از بین ببرد.

در نخستین نبرد، دو جنگجو[91] سوار بر اسبهای خود، با نیزه[92] و شمشیر به جنگ پرداختند. گرد و غبار[93] سم اسبهای این دو پهلوان، آسمان میدان جنگ را تیره کرده بود. برای هر دوی آنها، هیچ جنگی، اینگونه به درازا نکشیده بود. آنقدر با نیزه و شمشیر بر تن همدیگر کوبیدند تا شمشیرها و نیزه هایشان خرد شد. سپس با تیر و کمان به یکدیگر حمله کردند ولی تیر و کمان هم بر هیچکدام از آنها اثری نداشت. رستم خود را به سهراب نزدیک کرد. کمر او را گرفت تا او را از روی اسب بر زمین بکوبد ولی هر چه سعی کرد، نتوانست او را از روی اسب بلند نماید. ناگهان سهراب با گرز[94] ضربه محکمی بر سر رستم کوبید، و رستم که کلاه آهنین بر سرداشت، ضربه او را به راحتی پاسخ داد.

---

[91] [jangju] 전사(戰士).
[92] [neize] 창. 작살. 투창.
[93] [gard-o ghobār] 먼지.
[94] [gorz] 곤봉 혹은 뾰족한 칼못이 달린 창.

هوا کم کم تاریک می شد. دو پهلوان در حالیکه از شدت خستگی، غرق می ریختند در گرد و غبار بودند، تصمیم گرفتند به اردوگاهای خود باز گشته و شب را استراحت کنند و فردا باهم کشتی بگیرند. رستم در حالیکه از قدرت این پهلوان جوان تعجب کرده بود، بسوی اردوگاه کیکاووس بازگشت. او با خود می گفت :

((چه جوان نیرومندی! ای کاش، فرزند کوچک من هم که در شهر سمنگان است روزی پهلوانی مثل او گردد.))

سهراب پس از بازگشت، به اردوگاه نزد هومان رفته و گفت :

((ای هومان! این پهلوان بسیار قوی و جنگاور است. من فکر می کنم او رستم پهلوان باشد.))

هومان که نمی خواست سهراب، رستم را بشناسد پاسخ داد :

((ای سهراب جوان! من در یکی از جنگها با رستم، جنگیده ام و او را خوب می شناسم. این پهلوان، رستم نیست. رستم از او بسیار قوی تر و نیرومندتر است.))

فردای آن روز، با طلوع خورشید، دو پهلوان زره[95] های خود را پوشیده و

---

[95] [zare] 갑옷투구.

سوار بر اسبهایشان به میدان جنگ آمدند. سهراب با دیدن رستم، چنین گفت :

((ای پهلوان! چرا دو باره تصمیم به جنگ گرفتی و خود را آماده جنگ کرده ای؟ بیا کینه و دشمنی را کنار بگذاریم و باهم آشتی کنیم. بیا تا در برابر خداوند باهم پیمان دوستی ببندیم. من دوست ندارم با تو بجنگم. آیا تو رستم هستی؟ خودت را به من معرفی کن.))

اما رستم چنین پاسخ داد :

((ای جوان! چرا در شناختن من اصرار می کنی؟ تو با نام من چه کار داری؟ ما دیروز پیمان جنگ و نبرد باهم بستیم. من گوش به حرفهای فریبنده تو نمی دهم. اگر از من می ترسی بدون معطلی از میدان جنگ، فرار کن.))

این بار هر دو پهلوان از اسب پیاده شدند و شروع به کشتی پرداختند. تمام روز جنگ تن به تن آنها ادامه پیدا کرد ولی هیچکدام نمی توانستند دیگری را مغلوب[96] سازند. سرانجام سهراب جوان، کمربند رستم را محکم گرفته و او را بر روی دستهای خویش بلند نمود و محکم بر زمین کوبید و مثل شیر روی سینه جهان پهلوان رستم نشست. خنجر[97] خود را بیرون کشید و می خواست سر او را از تن جدا کند.

---

[96] [maghlub] 압도된. 정복된. 패배한.
[97] [khanjar] 단도. 비수.

رستم که پهلوان با تجربه و کار آزموده[98] ای بود از جوانی و بی تجربگی سهراب استفاده کرد و گفت :

((ای دلاور قهرمان! رسم پهلوانی اینگونه است که اگر دلاوری برای بار اول پشت پهلوان بزرگی را به خاک برساند او را نمی کشد. ولی اگر برای بار دوم او را به زمین بزند، می تواند آن پهلوان را بکشد.))

سهراب که قلب مهربانی داشت، حرفهای رستم را باور کرد و او را نکشت. بدین ترتیب رستم از مرگ رهایی یافت و دو قهرمان برای بار دوم بسوی اردوگاههای خود باز گشتند تا پس از استراحت برای سومین بار به جنگ یکدیگر، بیایند.

روز سوم فرا رسید و دو پهلوان برای بار سوم روبروی هم قرار گرفتند. هر دو از اسبهایشان پیاده گشته و همچون دو پلنگ خشمگین باهم درگیر شدند. پیکار[99] بسیار سختی بین پدر و پسر در گرفت. این بار رستم هشیارانه تر[100] مبارزه می کرد. ناگهان پهلوان رستم، از یک فرصت استفاده کرد و سر و گردن سهراب جوان را گرفته و او را بر زمین کوبید و چون می دانست

---

[98] [kār āz/e/mude] 경험이 많은. 경험이 있는.
[99] [peikār] 전투.
[100] هوشیارانه تر 의 축약형. [hoshyārāne] 침착한. 주의 깊은. 영리한.

که سهراب خود را از چنگل او خواهد رهانید، خود، ضربه بسیار محکمی بر پهلوی او زد.

دنیا در پیش چشمان سهراب، تیره و تار شد. سهراب دلیر در خون خود می غلتید[101] فریاد زد :

((ای پهلوان! سرنوشت من چنین بود که در بهار جوانی بدست تو کشته شوم و در حسرت[102] دیدار پدرم بمانم. ولی بدان که اگر تو ماهی شوی و به دریا بروی و یا همچون شب در سیاهیها پنهان گردی، پدر نامدار و قهرمان من، رستم، تو را پیدا خواهد کرد و انتقام مرا از تو خواهد گرفت.))

رستم، با شنیدن این حرف سهراب، جهان، پیش چشمانش تاریک گردید، فریاد بلندی کشید و بیهوش روی زمین افتاد. وقتی بهوش آمد گفت :

((ای پهلوان عزیزم! ای پسر مهربانم! رستم بیچاره، من هستم. تو چه نشانه ای از او داری؟))

سهراب که آخرین لحظات زندگیش را می گذارند، گفت :

((اگر به راستی رستم دستان تو هستی، بدان که به خاطر غرورت[103] مرا

---

[101] [ghalatidan] 구르다. 뒹굴다.
[102] [hesrat] 한. 비탄. 비애.
[103] غرور [ghorur] + تو 오만. 자존심.

کشتی. من بسیار سعی کردم تو را بشناسم و با تو آشتی کنم ولی ذره ای[104] از مهر پدری در تو احساس نکردم. اکنون زره ام را باز کن و مهره ای را که تنها یادگار تو برای من بوده است بر بازویم ببین.))

وقتی رستم مهره خویش را روی بازوی سهراب دید، پسر جوانش را در آغوش گرفت و از ته دل گریه کرد. در این لحظه سهراب برای آخرین بار چشمانش را باز کرد. نگاهی به پدر انداخت و جان به جان آفرین تسلیم کرد.

---

[104] [zarre i] 어떤 조금한 량. 어떤 입자.

제3과
로스탐의 일곱 모험

هفت خوان[105] رستم

تنها آرزوی سام نریمان[106]، فرمانده بزرگ و یکی از پهلوانان لشکر ایران زمین، داشتنِ فرزندی شجاع[107] و قوی[108] بود. سرانجام آرزوی سام بر آورده شد و همسرش پسری بدنیا آورد. ولی فرزندش با وجود داشتن چهره ای زیبا، همچون[109] پیرمردان، دارای موهایی سفید بود. همسر سام فرزند را بخاطر سفیدی موهایش زال[110]، نامید. اما سام از تولد فرزندش خوشحال نگردید و به همسرش گفت :

((این پسر باعث شرمندگی من نزد دوست و دشمن خواهد شد. همه مرا بخاطر

---

[105] [khān] 업적. 모험.
[106] [sām narimān] 인명. 로스탐의 할아버지 이름.
[107] [shojāʾ] 용감한. 대담한. 용맹한.
[108] [qavi] 강한. 튼튼한.
[109] مثل مانند. 닮은. …같은. …처럼.
[110] 본래의 의미는 백발의. 노인. 늙은. 여기서는 로스탐의 아버지 이름.

او مسخره خواهند کرد¹¹¹.))

سپس دستور داد تا کودک را به دامنه کوه بلند البرز¹¹² بردند و آنجا رهایش کردند تا حیوانات او را از بین ببرند.

سیمرغ پرنده زیبای افسانه ای در بالای کوه البرز لانه¹¹³ داشت و با جوجه هایش در آن جا زندگی می کردند. آن روز وقتی سیمرغ برای پیدا کردن غذا، در اطراف کوه پرواز می کرد، چشمش به زال کوچک افتاد. زال تنها و گرسنه روی تخته سنگی¹¹⁴ زیر آفتاب داغ¹¹⁵ قرار داشت. سیمرغ با دیدن زال دلش برای او سوخت¹¹⁶ و تصمیم گرفت او را به لانه ببرد و در کنار فرزندانش از او نگهداری کند¹¹⁷ تا بزرگ شود. به این ترتیب زال از مرگ حتمی¹¹⁸ نجات یافت.

سالها از پس هم می گذشت و زال در کنار فرزندان سیمرغ بزرگ می شد. سام در این میان، از کردۀ خود پشیمان شده بود و از اینکه فرزندش را به

---

¹¹¹ 미래형. [maskhare kardan] 조롱하다. 비웃다.
¹¹² [dāmane-ye kuh-e alborz] 알보르즈 산기슭.
¹¹³ [lāne] 둥지.
¹¹⁴ [takhte-ye sang] 돌판.
¹¹⁵ [dāgh] 뜨거운. 불타는.
¹¹⁶ ....가....를 가엾게 여기다. دل ... برای ....سوختن
¹¹⁷ [negahdāri kardan] 돌보다.
¹¹⁸ [hatmi] 확실한

کشتن داده بود، خود را سرزنش می کرد. سام یک شب، خواب دید که مردی به او چنین می گوید :

((ای سام! زال زنده است و اکنون جوان نیرومند و بزرگی شده است. برخیز، او را پیدا کن و به نزد خود بیاور))

سام فردای آن روز، خواب خود را برای دوستانش تعریف کرد. آنها در جوابش چنین گفتند:

((ای پهلوان پهلوان! تو با دست خود فرزندت را به دست کشتن داده ای. حتی[119] هیچ حیوانی با فرزند خود چنین کاری نمی کند. ولی خداوند خواسته است که او زنده بماند. اکنون از کار خود توبه[120] نما و به جستجوی فرزندت اقدام کن[121].))

سام برای پیدا کردن فرزندش، زال، با تعدادی از سربازان به سوی کوه البرز حرکت نمود. سیمرغ که با دیدن آنها دانسته بود که برای بردن زال آمده اند، به زال چنین گفت :

((ای فرزند عزیزم! اکنون پدر واقعی تو سام، برای بردن تو به اینجا آمده است

---

[119] [hattā] 심지어. …조차.
[120] [toube] 회개. 참회.
[121] [eqdām kardan] 조치를 취하다.

و تو باید با او بروی.))

اما زال که سیمرغ را بسیار دوست می داشت و نمی خواست او را ترک نماید[122]، جواب داد :

((ای سیمرغ! تو خودت می دانی که من بیشتر از همه تو را دوست دارم و نمی توانم دوری تو را حتی برای لحظه ای تحمل کنم، ولی هیچ وقت مرا فراموش نکن و بدان که من همیشه تو را دوست دارم و به یاد تو خواهم بود.))

سپس یک پر زیبا از میان پرهای رنگارنگش جدا نمود و به زال داد و چنین گفت :

((ای فرزندم! هر وقت که مشکلی برای تو پیش آمد، این پر را در آتش بینداز.من فوراً خود را به تو خواهم رساند و به کمک تو خواهم آمد.))

سیمرغ زال را روی پشت خود قرار داد و پرواز کرد و او را در مقابل سام روی زمین گذاشت. سام از دیدن زال که حالا یک جوان نیرومند و قوی گردیده بود، بسیار خوشحال شد و به سیمرغ گفت :

((ای بزرگ تمام پرندگان! خداوند نگهدار تو باشد. از تو بخاطر نگهداری زال تشکر می کنم.))

---

[122] ترک نمودن [tark namudan] 여기서는 떠나다.

سپس زال را در آغوش گرفت[123]، بوسید و گفت :

((ای فرزندم! مرا ببخش! گذشته ها را فراموش کن و با من بیا، به تو قول می دهم که تمام گذشته را جبران[124] نمایم.))

زال جوان، سوار اسبی که برایش آورده بودند شد[125] و در کنار پدرش پیشاپیش[126] ِ سربازان، به سوی شهر به راه افتاد.

در یک روز بهاری، سام پهلوان، به فرمان کیکاووس شاه ایران، برای مدتی طولانی، عازم جنگ شد. قبل از حرکت، زال را نزد دیگر فرماندهان و بزرگان قوم آورد و گفت :

((این فرزندم زال است. او را به شما می سپارم تا به او تعلیم دهید[127] که فنون[128] جنگاوری را بیاموزد، علم و ادب یاد بگیرد و تبدیل به پهلوانی بزرگ گردد[129] و سرباز ورزیده[130] ای برای کشورش باشد.))

مدتی گذشت و زال تحت تعلیم پهلوانان، آموزش دید[131] و با قدرت زیاد و

---

[123] [dar āghush gereftan] 가슴에 껴안다.
[124] [jobrān] 보상.
[125] سوار ... شدن
[126] [pishāpishe]…앞에. …앞서.
[127] [ta'alim dādan] 가르치다. 교육하다. 훈련하다.
[128] فن 의 복수. [fonun] 기법. 기술.
[129] [tabdil gardidan] 바뀌다.
[130] [varzide] 훈련된. 능숙한.
[131] 가르침의 기한을 보내다. 훈련대로 보내다.

استعداد[132] فراوانی که داشت به سرعت یکی از پهلوانان بزرگ ایران زمین گردید و شهرت[133] او در همه دنیا پیچید.

روزی زال برای شکار عازم هندوستان[134] بود. وقتی در راه به نزدیکی کابل[135] رسید، مهراب کابلی[136] فرمانروای کابل، با هدایا[137]ی ارزشمند بسیاری به استقبال[138] او آمد و از زال دعوت کرد تا برای مدتی مهمان او باشد. زال پهلوان قبول نمود و به قصر مهراب کابلی رفت و در آنجا با رودابه[139] دختر مهران کابلی آشنا گردید و از او خواستگاری نمود و به این ترتیب زال با رودابه ازدواج کرد و به اتفاق[140] او به ایران باز گشت.

پس از مدتی خداوند به آنها پسری عطا کرد[141] که نام او را رستم[142] نهادند. رستم از همان ابتدای کودکی بسیار زیبا و درشت اندام بود. هر کس او را می دید می گفت :

---

[132] [este'dād] 재능. 능력. 소질.
[133] [shohrat] 명성. 평판.
[134] 인도.
[135] 카불(지명).
[136] [mehrāb-e kāboli] 인명.
[137] هدیه ها = [hadiye] 선물.
[138] [esteqbāl] 응접. 환영함.
[139] [rudābe] 인명.
[140] [be etefāq-e] …함께.
[141] ['atā kardan] 주다. 수여하다.
[142] [rostam] 인명.

((ای زال پسر تو پهلوان بزرگ خواهد شد.))

زال که از دنیا آمدن فرزندش بسیار خوشحال بود، او را بوسید و خداوند را سپاس گفت و دستور داد تا بمناسبت[143] تولد رستم جشن بزرگی برپا نمایند.

کم کم رستم بزرگ شد و تبدیل به یک جوان بسیار قوی و نیرومند گردید و تحت تربیت پدرش زال، علم و دانش و تمام فنون جنگی را فرا گرفت و یکی از پهلوانان بزرگ ایران زمین شد. او به تنهایی می توانست با یک لشکر بجنگد و همه آنها را از بین ببرد. به همین دلیل خیلی زود مورد توجه کیکاووس[144] قرار گرفت و همچون پدرش زال، از فرماندهان بزرگ سپاه ایران زمین گردید.

در آن زمان دیوها به فرماندهی دیو سپید[145] به سرزمین مازندران[146] حمله کرده و آن را تصرف کرده[147] بودند. کیکاووس که پادشاهی مغرور[148] و بی خرد[149] بود، تصمیم گرفت به مازندران حمله کند و دیو سپید را از بین ببرد.

---

[143] [be monāsebate] ....의 때문에. 덕분에.
[144] [keikāvus] 인명.
[145] [div] 마귀라는 의미이지만, 여기서는 마귀의 이름으로 되어, 원음대로 부름.
[146] 머잔데런(지명.)
[147] [tasarrof kardan] 점유하다. 빼앗아 소유하다.
[148] [maghrur] 오만한. 잘 난체 하는.
[149] [bi kherad] 어리석은. 바보스러운.

تمام فرماندهان سپاه او، از جمله[150] رستم و زال او را از این کار بازداشتند[151] و گفتند :

((بهتر است با دیو سپید به جنگ نپردازی زیرا او بسیار قوی است و تو را از بین خواهد برد.))

ولی کیکاووس نصیحت فرماندهان را قبول نکرد و با سپاهی عظیم بسوی سرزمین دیوها حمله کرد. اما همانطور که پیش بینی شده بود، شکست خورد و او و سربازانش اسیر[152] دیو سپید شدند. دیو سپید چشم آنها را کور کرد و آنها را در یک سیاه چالی[153] تاریک و وحشتناک زندانی نمود.

کیکاووس مخفیانه[154] قاصدی نزد زال فرستاد و از او خواست تا رستم را به کمک آنها بفرستد. زال ماجرای اسیر شدن کیکاووس و سربازانش را با پسرش رستم در میان گذاشت. رستم چنین جواب داد :

((ای پدر! من به یاری آنها می روم. به امید خداوند بتوانم کیکاووس و سربازان را از زندان آزاد کنم و دیو سپید را نابود کنم.))

---

[150] ...가운데. 예를 들면.
[151] [bāz dāshtan] 가로막다. 저지하다.
[152] [asir] 포로.
[153] [siyāh chāl] 어둡고 좁은 지하 감옥.
[154] [makhfiyāne] 몰래. 살그머니.

سپس سوار رخش¹⁵⁵ اسب زیبا و باد پا¹⁵⁶ی خود، گردید و به سرعت بسوی مازندران به راه افتاد. رستم تمام روز را به سرعت تاخت و شب به دشت پهناوری رسید و تصمیم گرفت؛ شب را آنجا استراحت نماید. از رخش پیاده شد و به استراحت پرداخت.

در آن نزدیکی یک شیر بسیار بزرگ و خطرناک، آشیانه داشت. وقتی شیر به آشیانه خود بازگشت، متوجه رستم و رخش شد. شیر درنده¹⁵⁷ با سرعت به سوی رستم حمله کرد. ولی رخش، اسب باوفای رستم با دیدن شیر، روی دو پایش ایستاد و چنان با دستهایش بر سر شیر کوبید که شیر بیچاره روی زمین افتاد. سپس با دندان کمر شیر را گرفت و او را از زمین بلند نموده و به هوا پرتاب کرد. شیر روی زمین افتاد و جان داد¹⁵⁸. از سر و صدای رخش، رستم از خواب بیدار شد و ماجرا را فهمید. سپس رخش را بوسید خدا را شکر کرد و سوار بر اسب فداکار خویش شده و به راه افتاد.

فردای آن روز، رستم به بیابان خشک و بی آب و علفی رسید. تشنگی توان او را برده بود و حتی رخش، دیگر نمی توانست از جای خود حرکت کند. رستم

---

¹⁵⁵ [rakhsh] 로스탐의 말 이름.
¹⁵⁶ [bād pā] 바람같이 빠른 발.
¹⁵⁷ [darande] 맹수. 흉악한.
¹⁵⁸ [jān dādan] 죽다.

از رخش پیاده شد و به جستجوی آب پرداخت، ولی در آن بیابان خشک اثری از آب نبود. کم کم از پیدا کردن آب ناامید شد. دستهایش را به آسمان بلند کرد و گفت :

((خداوندا! به من کمک کن تا زنده بمانم و به کمک کیکاووس و سربازان ایرانی بروم و آنها را از دست دیو سپید نجات دهم.))

ناگهان چشم او به یک گوسفند چاق و زیبا افتاد. فهمید که باید در این دشت چشمه ای وجود داشته باشد. بدنبال گوسفند به راه افتاد. گوسفند او را به کنار چشمه برد. رستم با دیدن چشمه بسیار خوشحال شد و از خداوند تشکر کرد. بدین ترتیب رستم دوباره از مرگ نجات یافت و پس از نوشیدن از آب چشمه بسوی سرزمین دیو ها به راه افتاد.

رستم سوار بر رخش بسوی مازندران می شتافت که به سرزمین جادوگر[159] ها رسید. سرزمین بسیار سرسبز و خرمی بود. یک پیرزن جادوگر برای از بین بردن رستم، سفره ای از غذاهای رنگین[160] در سایه یک درخت زیبا پهن کرده و خود پنهان شده بود. رستم با دیدن غذاهای رنگارنگ خوشحال گردید، از اسب پیاده شد و می خواست شروع به خوردن غذا کند که پیرزن

---

[159] [jādugar] 마법사. 마술사.
[160] 여러가지 음식.

جادوگر خود را به شکل زن زیبایی درآورد[161] و به سوی او آمد. رستم با دیدن زن جوان بسیار تعجب نمود و نام خداوند را بر زبان آورد. با شنیدن نام خداوند، چهره[162] پیرزن جادوگر به شکل اول خود برگشت. رستم با دیدن پیرزن جادوگر متوجه ماجرا شد. فوراً شمشیر خود را کشید و بسوی جادوگر دوید. جادوگر پا به فرار گذاشت ولی رستم پهلوان با یک ضربت او را از بین برد تا عبرتی[163] برای بقیه جادوگرها باشد.

رستم پس از مدتی، به سرزمینی تاریک و وحشتناک رسید. چشمان او دیگر جایی را نمی دید. حتی جلوی پایش دیده نمی شد. راه را گم کرد. فکری به خاطرش رسید. افسار رخش را رها کرد. رخش با هوشیاریِ کامل آرام آرام راه را پیدا می کرد، قدم بر می داشت و پیش می رفت. کم کم هوا روشن شد و رستم به سرزمین سرسبز و زیبایی رسید، که آنجا سرزمین دیوها بود. دیو ها به فرماندهی[164] اولاد[165] دیو با دیدن رستم بدون معطلی به او حمله

---

[161] 여기서는 변신하다.
[162] [chehre] 얼굴. 모습.
[163] عبرت + ی ['ebrat] 경고. 선례.
[164] [farmāndehi] (지휘관의) 지휘.
[165] [olād] 이름.

کردند. رستم شمشیر خود را از غلاف[166] بیرون آورد و با هر ضربه ده دیو را به خاک و خون می کشید[167]. دیوها با دیدن قدرت و شجاعت او پا به فرار گذاشتند، ولی اولاد فرمانده آنها فریاد کشید :

((ای رستم! بیا با من بجنگ تا تو را نابود کنم.))

و بسوی رستم حمله کرد. رستم کمند[168] خود را دور سر[169] چرخانید و بسوی اولاد پرتاب نمود و او را اسیر کرد. اولاد که خودش را در چنگال رستم اسیر دید، گفت :

((ای جوانمرد پهلوان! مرا نکش هر کاری که بخواهی برایت انجام می دهم.))

رستم گفت :

((اگر جای سپید و اسیران او را به من نشان دهی تو را رها میکنم و بدان اگر به من دروغ بگویی جان سالم بدر نخواهی برد[170] و سر از تنت جدا خواهم کرد.))

اولاد گفت :

---

[166] [ghelāf] 칼집.
[167] به خون کشیدن 죽이다.
[168] [kamand] 올가미. 덫.
[169] [dour-e sar] 머리 주위.
[170] در بردن 구하다. 구조하다.

((ای پهلوان! قبل از رسیدن به دیو سپید[171]، باید از کوهستان وحشت عبور کنی. حتی عقاب هم نمی تواند از بالای کوهستان وحشت عبور نماید زیر دوازده هزار دیو به فرماندهی ارژنگ[172] حیله گر از آن نگهبانی می کنند و هیچ کس نمی تواند به آنجا نزدیک شود.))

رستم با شنیدن این حرف دستهای اولاد را بست، او را پشت خود روی اسب نشاند[173] و به سوی کوهستان وحشت به راه افتاد.

هوا در حال روشن شدن بود که رستم و اولاد به کوهستان وحشت رسیدند. رستم با مشاهده[174] دیوهای نگهبان کوه : با شمشیر به سپاه آنها حمله برد. دیوها دور[175] او را گرفتند تا محاصره اش کنند[176] ولی رستم با هر چرخش[177] خود تعداد زیادی از آنها را به خاک و خون می کشید. رستم ناگهان متوجه ارژنگ حیله گر شد و با سرعت بسوی او شتافت و قبل از این که اجازه کوچکترین حرکتی را به او بدهد، سر از تنی جدا کرد. دیوها وقتی مرگ فرمانده خود را دیدند، بسیار وحشت کرده و پا به فرار گذاشتند. به این ترتیب

---

[171] [div sepid] 여기서는 마귀의 이름으로 하여 원음대로 함.
[172] [arzhang] 마귀이름.
[173] نشستن 의 사역형. 앉히다. 앉게 하다.
[174] [moshāhede] 관찰. 장면을 목격.
[175] [dour-e] 주위. 둘레.
[176] او را محاصره کردن [mohāsere kardan] 그를 봉쇄하다. 그를 포위하다.
[177] [charkesh] 선회. 돌림. 회전.

رستم توانست از کوهستان وحشت عبور کند. سپس او از اولاد خواست تا او را به محل زندان کیکاووس و سربازان ایرانی راهنمایی کند. کیکاووس از درون سیاه چال، صدای رخش را شنید. ابتدا فکر کرد که خیالاتی[178] شده است ولی کم کم او و تمامی زندانیان فهمیدند که واقعیت است و رستم برای نجات آنها آمده است. رستم دیوار بزرگ زندان را خراب کرد و داخل زندان شد. در سیاه چال را از جا درآورد و خود را به کیکاووس رسانید کیکاووس از او بسیار تشکر نمود و گفت :

((ای پهلوان دلیر! می بینی که دیو سپید چشمهای ما را کور کرده است و تنها دوای آن، خون جگر[179] دیو سپید است. ای پهلوان عزیز! قبل از اینکه او از ماجرا با خبر شود به او حمله ببر!، او را نابود کن و خون جگرش را بیاور تا دوای چشمهای ما باشد.))

رستم با راهنمایی اولاد بسوی غاری که محل زندگانی دیو سپید بود حرکت کرد. از هفت کوه و هفت درّه گذشت تا به غاری که دیو سپید در آنجا زندگی می کرد رسید. رستم با شمشیر به درون غار دوید ولی غار آنقدر تاریک بود که او نمی توانست جایی را ببیند. مدتی صبر کرد تا چشمهایش به تاریکی

---

[178] خیال ها = [khiyālāt] 환상. 상상. 공상.
[179] [jegar] 간.

عادت نمود. کم کم، پیکر هولناک[180] دیو سپید را که در انتها[181]ی غار خوابیده بود، مشاهده کرد.

دیو سپید از شنیدن صدای رستم، بیدار شده و به او حمله کرد. ابتدا، کمر رستم را محکم گرفت و می خواست او را به زمین بکوبد که رستم با شمشیر آنچنان[182] بر پای او کوبید، که پایش قطع شد و روی زمین افتاد. رستم گرز[183] بزرگ خود را بیرون آورد و با آن ضربه ی محکمی بر سر دیو کوبید، ولی دیو سپید از پای در نمی آمد[184]. سرانجام پهلوان شجاع، دیو سپید را از روی زمین بلند کرده و روی دستهایش گرفت و او را با تمام قدرت، روی سنگها کوبید. دیو تکانی خورد و جان داد. رستم بی درنگ مقداری از خون جگر او را برداشته و به سوی کیکاووس و سربازان که در انتظار او بودند، به راه افتاد.

کیکاووس از بازگشتِ رستم پهلوان بسیار خوشحال شد، سپس او و هر یک از سربازان، قطره ای از خون جگر دیو را در چشمهای خود ریخته و چشمشان

---

[180] [holnāk] 무시무시한.
[181] [entehā] 끝. 종단.
[182] چنانکه. همانند آن. بطوریکه
[183] [gorz] 끝에 갈고리가 있는 창.
[184] [az pā dar āmadan] 힘이 빠지다. 약해지다.

بینا و سالم گردید. به این ترتیب با تلاش و کوشش پهلوان رستم و یاری خداوند مهربان، سرزمین مازندران از چنگ دیوها رهایی یافته و برای همیشه آزاد شد.

제4과
에스환드여르의 일곱 모험

هفت خوان اسفندیار

روزگار می گذشت و هر زمانی پادشاهی بر سرزمین ایران حکومت می کرد تا اینکه نوبت به پادشاهی گشتاسب رسید. او بعد از اینکه بر تخت شاهی نشست و تاج برسر نهاد؛ به هر سو لشکر کشید و سرزمینهای زیادی را به تصرف[185] خود درآورد و همهٔ شاهان را مطیع فرمان خود کرد[186]. اما در این میان ارجاسب پادشاه سرزمین توران از او فرمانبرداری نکرد و به جنگ با گشتاسب پرداخت.

گشتاسب سپاهی عظیم فراهم کرد و به همراه پهلوانان بسیاری به جنگ با ارجاسب رفت. به این ترتیب جنگی سخت میان دو سپاه ایران و توران درگرفت. پهلوانان سپاه ایران یکی یکی به میدان می رفتند و هر بار بسیاری

---
[185] [tasarrof] 소유. 점령. در آوردن.... 빼앗아 소유하다. 점유하다.
[186] [moti' kardan] 복종시키다.

از سپاه دشمن را از پای در می آوردند و سرانجام جان خود را نیز از دست می دادند تا اینکه زریر[187] پهلوان، برادر گشتاسب نیز به میدان رفت و کشته شد. وقتی خبر مرگ زریر به گشتاسب رسید؛ بسیار غمگین شد و تصمیم گرفت، برای گرفتن انتقام مرگ برادر به میدان نبرد رود. اما در این میان اسفندیار، پسر گشتاسب، که پهلوانی دلیر و شجاع بود از پدر خواست تا به او اجازه ی نبرد دهد و خود به جنگ با دشمن رود. اسفندیار سوار بر اسب به میدان تاخت. او چون شیر می غرید[188] و در هر حمله تعداد زیادی از سپاه دشمن را هلاک می کرد[189]. تورانیان که دیدند، حریف او نیستند، پا به فرار گذاشتند و به این ترتیب با رزم دلیرانه اسفند یار، سپاه ایران پیروز شد و گشتاسب به مناسب این پیروزی، جشنی بزرگ برپا کرد و از پسرش اسفند یار، بسیار سپاسگزاری کرد.

***

گرزم[190]، پهلوانی از سپاه ایران بود که از محبت گشتاسب به فرزندش راضی

---

[187] [zarir] 인명.
[188] [ghorridan] 고함치다.
[189] [halāk kardan] 파괴하다. 파멸시키다.
[190] [gorazm] 인명. 또는 قرزم 으로 쓰기도 함.

نبود و نسبت به این شاهزاده ی ایرانی حسادت می کرد[191]. او از هر فرصتی استفاده می کرد تا از اسفندیار نزد شاه بدگویی کند. یک روز او نزد شاه رفت و با چرب زبانی از شاه ستایش نمود[192] و گفت:

((من راز مهمی را می دانم و می خواهم که شاه را از آن آگاه کنم.))

و شروع به بدگویی از اسفندیار نمود و گفت که او قصد دارد تا پدر را بکشد و خود به جایش بر تخت نشیند. شاه با شنیدن این سخنان بسیار ناراحت شد و دستور داد تا پسرش را نزد او بیاورند. وقتی اسفندیار به درگاه شاه آمد؛ گشتاسب رو به او کرد و گفت:

((من تو را عزیز داشتم[193] و به جانشینی[194] خود برگزیدم[195] و به تو هنر رزم آوری و پهلوانی آموختم. اکنون این گونه جواب محبتهای مرا می دهی و قصدداری[196] که مرا هلاک[197] سازی و بر تخت شاهی نشینی.))

اما اسفند یار، بی خبر از همه جا تعجب گفت:

((شاه چه می گوید؟ من هرگز چنین خیالی ندارم و همیشه آرزویم این است که

---

[191] [he/a/sādat kardan] 시샘하다. 부러워하다. 시기하다.
[192] [setāyesh namudan] 칭송하다. 찬미하다. 예찬하다.
[193] ['aziz dāshtan] 소중히 여기다. 존중하다.
[194] [jāneshini] 계승.
[195] [bar gozidan] 선정하다. 선택하다. 현재어근 برگزین.
[196] [qasd dāshtan] 의도하다. 목적을 두다. 결심하다.
[197] [halāk] 소멸. 파멸. 죽음.

در کنار شما و یار و یاورتان[198] باشم. اکنون چه گناهی از من سرزده[199] که شما این گونه با من سخن می گویید.))

اما گشتاسب، چنان در خشم و غرور فرو رفته بود که گویی سخنان پسر را نشنید و دستور داد تا دست و پای اسفند یار را با زنجیر ببندند و در محلی به نام ((گنبدان دژ))[200] زندانی کنند.

مدتی از شکست سپاه توران نگذشته بود که ارجاسب، شاه توران، دوباره قصد حمله به ایران نمود. پس سپاهی عظیم فراهم کرد و به ایران هجوم برد[201]. گشتاسب که از حمله ناگهانی سپاه توران غافلگیر شده بود[202]؛ فوراً فرماندهان سپاه و پهلوانان را جمع کرد تا آمادهٔ جنگ شوند. سرانجام جنگی سخت بین دو لشکر در گرفت و سپاه ایران که آمادگی کافی برای نبرد نداشت، غافلگیر شد. بسیاری از پهلوانان ایران کشته شدند. گشتاسب که شکست سپاه خود را حتمی[203] می دید، اندوهگین و ناراحت، از وزیر خود جاماسب[204] که مردی عاقل و کاردان بود، چاره جویی کرد. جاماسب گفت:

---

[198] یاور شما [yāvaretān] 당신의 조력자.
[199] 갑자기. 예기치 않게.
[200] [gonbadān dezh] 지명. گرد کوه [gerd kuh]라고도 함. 또는 دژ گنبدان، گنبدان، دژ گنبدان 으로 불림.
[201] [hojum bordan] 나아가다. 돌진하다. 돌격하다.
[202] [ghāfelgir shodan] 불시에 공격을 받다.
[203] [hatmi] 확실하게.
[204] [jāmāsb] 인명.

((ای شاه بدان که کسی جز اسفند یار، توان مقابله با سپاه توران را ندارد و تنها اوست که می تواند به یاری تو بشتابد و سپاه ایران را از شکست نجات دهد. پس فرمان ده[205] تا او را از زندان رها کنند و به اینجا آورند.))

گشتاسب با شنیدن سخنان وزیرش از عمل خود، شرمسار شد[206] و گفت:

((من از اینکه فریب سخنان گرزم را خوردم و اسفند یار را بی گناه، زندانی کردم، از کار خود پشیمانم. اکنون از تو می خواهم که به گنبدان دژ روی[207] و او را از بند رهاسازی[208] و برای جبران ستمهایی که به او کردم، تاج و تخت پادشاهی را به او می دهم.))

جاماسب خوشحال از این تصمیم شاه به سرعت، خود را به گنبدان دژ رساند. اسفندیار را آزاد کرد، پیغام گشتاسب را به او رساند و از اسفندیار خواست تا نزد شاه بیاید و سپاه ایران را حمایت کند[209]. اما اسفندیار که بی گناه رنج و سختی زیادی را تحمل کرده بود، گفت:

((من همیشه در خدمت پدرم بودم و او را یاری دادم. اما او اینگونه

---

[205] = فرمان بده
[206] [sharmsār shodan] 부끄러워지다. 부끄럽게 되다.
[207] = بروی
[208] [rahāsāzi] 해방. 풀어줌.
[209] [hemāyat kardan] 보호하다. 지지하다.

جواب نیکی ها²¹⁰ی مرا داد. آیا سزاوار بود²¹¹ که مرا در بند کند و به خواری²¹² و ذلت افکند²¹³.))

جاماسب جواب داد:

((از خطا²¹⁴ی پدرت بگذر²¹⁵ چرا که او از کار خود پشیمان شده و قصد دارد، اگر تو او را یاری دهی تاج و تخت شاهی را به تو بسپارد.))

اسفندیار با اینکه می دانست پدر به پیمانش²¹⁶ عمل نمی کند، اما چون دلش راضی نمی شد ایران به دست تورانیان تسخیر شود²¹⁷، به همراه جاماسب به طرف سپاه ایران حرکت کرد. وقتی به نزد پدر رسید، شاه او را در آغوش گرفت و از پسر دلجویی کرد²¹⁸. اسفند یار گفت:

((ای پدر از این حرفها بگذر²¹⁹ که اکنون وقت نبرد است و من آماده ام که دشمنان ایران زمین را نابود سازم.))

از طرف دیگر خبر آزادی اسفند یار به ارجاسب، شاه توران رسید. پهلوانان

---

²¹⁰ نیکی ها [niki] 친절
²¹¹ [sezāvār budan] ..할 가치가 있다. ....할 만하다.
²¹² [khāri] 비천함. 경멸함.
²¹³ [zellat afkadan] 경멸로 몰다. 현재어근 ذلت افکن.
²¹⁴ [khatā] 잘못. 실수. 죄.
²¹⁵ گذشتن ...از خطا = (누구의) 죄를 용서하다.
²¹⁶ [peimān] 계약. 협상. = پیمان او
²¹⁷ [taskhir shodan] 정복되다. 점령되다.
²¹⁸ [deljuyi kardan] 부드러운 말로 유화시키다. 마음을 다스려 주다.
²¹⁹ گذشتن ...از 그만두다. 끝내다.

سپاه را فرا خواند و به آنها گفت:

((آگاه باشید که اسفندیار از بند رها شده و اکنون آماده است تا با سپاه ایران به جنگ ما بیاید. شما می دانید که در سپاه توران هیچ کس حریف و همتا[220]ی او نیست و اگر با ما بجنگد بی گمان شکست خواهیم خورد. پس بهتر است فوراً از جنگ دست برداریم و به توران باز گردیم.))

در این میان، یکی از پهلوانان سپاه ارجاسب که گرگسار[221] نام داشت، گفت:

((ای شاه، سپاه ایران در حال شکست از ماست و پهلوانان زیادی از آنها[222] به دست ما کشته شده اند. اسفندیار نیز قادر نخواهد بود[223] آنها را نجات دهد. پس چرا از جنگ با آنها بترسیم. من خود به میدان می روم و او را از پای درمی آورم[224].))

ارجاسب از این سخنان دلگرم شد و قول داد که اگر گرگسار بتواند، اسفندیار را شکست دهد، هراندازه که بخواهد[225] به او ثروت دهد.

صبح روز بعد دو سپاه ایران و توران روبروی هم به صف ایستادند و آماده

---

[220] [hamtā] 맞적수. 상대.
[221] [gorgsār] 인명.
[222] 그들 중의 많은 사람.
[223] [qāder ...budan] 가능하다. 할 수 있다. 여기서는....가 가능하지 않을 것이다.
[224] از پا در آوردن. 약화시키다. 힘없이 만들다.
[225] (그가) 원하는 양만큼.

نبرد شدند. اسفندیار همانند شیری خشمگین به دشمن حمله برد و تعداد زیادی از آنها را هلاک ساخت. پهلوانان دیگر نیز به یاری او پرداختند. گرگسار که خیال می کرد، می تواند حریف او شود، وارد میدان شد. تیری در کمان گذاشت و به سوی اسفندیار پرتاب کرد. اسفندیار برای فریب او خود را روی زین اسب انداخت تا وانمود کند[226] که تیر به او اصابت کرده[227] و همینکه گرگسار به او نزدیک شد، با یک حمله ناگهانی کمندی دور گردن گرگسار انداخت[228] و او را از اسب به زمین انداخت. دستهایش را بست و به نزد گشتاسب برد. در این میان، ارجاسب که وضع را چنین دید، از ترس کشته شدن به توران گریخت و به این ترتیب سپاه توران شکست خورد و لشگر ایران بار دیگر با دلاوریها[229]ی اسفندیار پیروز گشت.

* * *

از طرف دیگر، خواهران اسفندیار، در جنگ قبلی، اسیر[230] ارجاسب شده بودند و گشتاسب فرمان داد تا او برای نجات خواهرانش از چنگ[231] تورانیان

---

[226] [vānemud kardan] 가장하다. ...인 체 하다.
[227] [esābat kardan] (به)...에게 맞히다. (누구를) 적중하다.
[228] کمند...انداختن [kamand ... andākhtan] 올가미 밧줄로 잡다.
[229] [delāvari] 용맹. 용기. 용감.
[230] [asir] 포로.
[231] [chang] 잡음. 잡기. 여기서는 붙잡힘.

لشگری فراهم کند و بار دیگر به جنگ ارجاسب رود.

اسفندیار سپاهی از بهترین پهلوانان فراهم کرد و راهی سرزمین توران شد. او گرگسار را که اسیر شده بود به همراه برد تا راه را به آنها نشان دهد.

ارجاسب و سپاهش، در محلی به نام روئین دژ[232]، پناه گرفته بودند[233] و اسفندیار راههای رسیدن به آنجا را از گرگسار پرسید. او جواب داد:

((سه راه برای رسیدن به روئین دژ وجود دارد. راه اول بسیار طولانی است و سه ماه طول می کشد. ولی از طرفی امن و بی خطر است و از آبادیها و سبزه زار[234] های مختلف می گذرد. راه دوم کوتاه تر است و عبور از آن دو ماه طول می کشد، در آن هیچ آب و غذایی یافت نمی شود و خشک و گرم است و راه سوم که نزدیکترین راه است و یک هفته زمان می برد ولی پر از حیوانات وحشتناکی همچون شیر و گرگ و اژدها[235]ست.))

اسفندیار فکری کرد و گفت:

((ما از راه سوم می رویم تا سریعتر برسیم.))

گرگسار ادامه داد:

---

[232] [ruyin dezh] 성곽의 이름.
[233] [panāh gereftan] 적으로부터 피해를 받지 않기 위해 은신하다.
[234] [sabzezār] 초원.
[235] [azhdhā] 용(龍).

((اما این راه هفت خان[236] دارد و تو باید با هفت دشمن بزرگ مبارزه کنی و آنها را از پای درآوری تا به روئین دژ برسی.))

اما اسفندیار در تصمیم خود مصمم[237] بود. سپس سپاه از راه سوم حرکت کرد و روز دیگر، به خان اول رسیدند. اسفندیار سپاه را به دست یکی از پهلوانان سپرد و خود جلوتر حرکت کرد تا اگر خطری پیش آمد، دیگر پهلوانان آسیبی نبینند[238]. کمی جلوتر با دو گرگ بسیار بزرگ روبرو شد که شاخهای بلندی همچون گوزن[239] در سر و دو دندان بسیار بزرگ در دهان داشتند. اسفندیار تیر را در کمان گذارد و بارانی از تیر بر آنها سرازیر کرد به طوری که خون از زخمهایشان جاری شد و برزمین افتادند. او با شمشیر سر از تن آنها جدا کرد و آنگاه خدا را برای این پیروزی شکر نمود. سپس سپاهیان از آن محل گذشتند و از دیدن سر بریده این دو گرگ قوی هیکل، شگفت زده شدند[240] و بر اسفندیار آفرین[241] گفتند. سپاه همچنان به حرکت خود ادامه داد تا روز دیگر به خان دوم، رسیدند. به ناگاه، دو شیر خشمگین در برابر[242] آنها نمایان شدند و

---

[236] هفت خوان = 일곱(가지) 모험.
[237] [mosammam] 결심한. 확고히 하는.
[238] [āsib didan] 상처를 입다. 상해를 입다. 상처받다.
[239] [gavazn] 큰 뿔이 있는 사슴.
[240] [shegeft zde shodan] 놀라다.
[241] [āfarin] 칭찬. 칭송.
[242] [dar barābar] …향하여. …의 정면으로.

همه را وحشت زده کردند. این بار نیز اسفندیار، در یک چشم برهم زدن[243] با شمشیر، شیرها را کشت و سپاه به سلامت از این خان هم عبور کرد. اسفندیار از گرگسار پرسید:

((فردا چه پیش می آید؟))

و او جواب داد:

((در خان سوم اژدهایی وجود دارد که همچون کوهی عظیم است و از دهانش آتش بیرون می آید.))

اسفندیار پس از اندکی فکر کردن دستور داد تا ارابه[244] ای سنگین از چوب بسازند و دور تا دور[245] چرخهای آن را تیغها[246]ی برّان[247] قرار دهند. وقتی ارابه ساخته شد به درون صندوقی فولادی[248] رفت و به فرمان او صندوق را روی ارابه گذاشتند و با دو اسب آن را به حرکت درآوردند. اژدها به طرف آنها حمله برد و ارابه و اسبها را بلعید[249]. تیغهای چرخ ارابه گلوی او را پاره پاره کرد و خون از دهانش سرازیر شد. اسفندیار از صندوق بیرون آمد و با

---

[243] [yek chashm bar ham zadan] 순식간. 짧은 순간.
[244] [arrābe] 수레.
[245] [dor tā dor] 모든 방향. 둘레를 다.
[246] تیغ ها = [tigh] 칼날들.
[247] [borrān] 날카로운.
[248] پولادی = [fulādi] 강철로 된.
[249] [bal'idan] 삼키다.

شمشیر کیسهٔ زهر[250] اژدها را پاره کرد. ناگهان دودی سیاه به آسمان برخاست و اژدها نابود گشت. و به این ترتیب پهلوان دلیر سپاه سالم و پیروز به سپاهیانش پیوست تا راهی خان چهارم شوند.

در راه[251] گرگسار، سعی کرد، اسفندیار را از رفتن بازدارد[252] و به او گفت:

((در خان بعدی زن جادوگری را خواهی دید که سعی می کند، تو را فریب دهد. تو حتماً در مقابل او شکست خواهی خورد. از اینکه بر گرگها و شیرها و اژدها پیروز شدی، مغرور نشو[253] و از این راه بازگرد[254].))

اما اسفندیار که امیدش به خدا بود جواب داد:

((زن جادوگر را نیز به یاری خدا نابود می کنم.))

روز دیگر سپاه به دشتی سبز و خرم رسید که جویبارهای زیبایی در آن روان بود. این بار نیز اسفندیار جلوتر از سپاه وارد بیشه[255] شد و در کنار چشمه ای نشست تا آبی بنوشد و خستگی اش از تن بیرون کند. زن جادوگر با دیدن او خود را به شکل زن زیبای جوانی درآورد[256] و نزدیک چشمه آمد. اسفندیار

---

[250] [zahr] 독.
[251] 여기서는 중도에.
[252] [bāz dāshtan] 막다. 저지하다. 붙들다.
[253] [maghrur shodan] 오만해지다. 뽐내다.
[254] 여기서 돌아가라.
[255] [bishe] 작은 숲.
[256] 바꾸다. 변신하다.

همینکه او را دید، فهمید که او حتماً همان جادوگر زشت و بدکردار[257] است که خود را به این صورت درآورده. پس فوراً زنجیر[258]ی به دور[259] گردن او انداخت فریاد زد:

((آگاه باش که با جادو نمی توانی مرا گمراه کنی[260]. فوراً خود را به شکل اصلی ات درآور[261] وگرنه[262] سر از بدنت جدا می کنم.))

ناگهان زن جوان به صورت پیرزنی با موهای سفید و ژولیده[263] و صورتی سیاه و زشت درآمد. اسفندیار با دیدن این منظره نام خدا را بر زبان آورد. جادوگر با شنیدن نام خدا بیهوش بر زمین افتاد. آسمان درهم ریخت[264] و ابرهای سیاه همه جا را گرفت و باران بارید و جادوگر همچون آب در زمین فرورفت و محو[265] و نابود شد.

سپاهیان که از دور شاهد این ماجرا بودند[266] با شادی نزدیک شدند تا این پیروزی را به اسفندیار تبریک بگویند. در این میان گرگسار که از این

---

[257] [badkardār] 사악한.
[258] [zanjir] 사슬.
[259] [do/u/r-e] 둘레에.
[260] [gomrāhi kardan] 길을 헤매게 하다. 정도를 잃게 하다.
[261] = در بیاور
[262] اگر نه = 그렇지 않으면.
[263] [zhulide] 엉클어진.
[264] [dar ham rikhtan] 혼란시키다. 뒤섞이다.
[265] [mahv] 소멸.
[266] [shāhed budan] 목격하다.

پیروزی ناخوشنود بود گفت:

((در خان پنجم کوهی بزرگ است که بر بالای آن سیمرغی زورمند و عظیم زندگی می کند. این سیمرغ چنان عظمتی دارد که فیل و پلنگ[267] را با منقارش از زمین بر میدارد و هنگام پروازش آسمان با پر و بالش پوشیده و زمین از سایه او تاریک می شود. پس به جنگ او نرو و از این راه بازگرد.))

اما اسفندیار، بی توجه به سخنان او تصمیم گرفت، همان کاری که با اژدها کرده بود را تکرار کند. پس دستور داد تا ارابه ای همچون آنچه قبلاً ساخته بودند فراهم کنند و بعد درون صندوق فولادی آن نشست و با دو اسب به پای کوه رفت. سیمرغ که ارابه و اسبها را دید به قصد شکار آنها به پرواز درآمد و وقتی می خواست ارابه را به چنگ گیرد، پر و بالش با تیغهای چرخ آن زخمی و خونین شد. در همین حال، اسفندیار از صندوق بیرون آمد و با شمشیر، شکم سیمرغ را پاره کرد و او را هلاک ساخت. آنگاه گرگسار را فرا خواهد[268] و از او پرسید که در خانهای بعدی با چه چیز روبرو خواهیم شد؟ گرگسار جواب داد:

---

[267] [palang] 표범.
[268] [farā khāndan] 소리를 지르다. 부르다.

((فردا با تیغ و شمشیر کاری از پیش نمی بری[269]. چرا که به جایی خواهی رسید که شب و روز برف می بارد و راه بر تو و سپاهیانت[270] بسته می شود. حتی اگر از آن برف و سرما بگذاری، در خان هفتم به بیابانی خشک و بی آب و علف خواهی رسید که بسیار طولانی است و هیچ موجود زنده ای در آن یافت نمی شود.))

سپاهیان با شنیدن سخنان گرگسار هراسان شدند[271] و گفتند:

((پس ما با پای خود به طرف مرگ می رویم.))

اما اسفندیار آنها را دلداری داد[272] و گفت:

((امیدتان به خدا باشد که پیروز خواهیم شد.))

صبح روز بعد تند بادی وزید و برف باریدن گرفت. سه روز و سه شب همچنان برف بارید. در این میان اسفندیار به همراه سپاهیانش دست به دعا برداشتند[273] و از خدا خواستند تا یاریشان کند و این برف و سرما را پشت سر گذارند[274]. تا اینکه خداوند دعایشان را مستجاب کرد[275] و از این سرزمین به

---

[269] [kār az pish bordan] 일을 잘 성취시키다. 좋은 결과를 얻다.
[270] 너와 네 군사들이 갈 길을.
[271] [harāsān shodan] 무서워하다. 겁에 질리다.
[272] [deldāri dādan] 위로하다. 달래주다.
[273] 기도를 드리다.
[274] [posht-e sar gozāshtan] 지나다. 통과하다.
[275] [mostajāb kardan] 응답하다.

سلامت گذشتند. اما پس از مدتی حرکت با تعجب دیدند که بیابانی در راه نیست و اسفندیار دانست که گرگسار دروغ گفته و قصد فریب آنها را داشته است. پس، از این نیرنگ[276] اسفندیار به خشم آمد و او را هلاک ساخت. آنگاه سپاه را به حرکت درآورد و به طرف روئین دژ به راه افتادند.

* * *

کم کم از دور برج[277] و دیوارهای عظیم و مستحکم[278] دژ به چشم می خورد که نگهبانان بسیاری از آن مراقبت می کردند[279]. اسفندیار با دیدن این محل متوجه شد که راهیابی[280] به آن کار دشواری است پس با پهلوانان سپاه مشورت کرد تا حیله ای به کار گیرند و وارد دژ شوند. پس از مدتی گفتگو تصمیم گرفتند تا کاروانی از اجناس گرانقیمت با شتران بسیار فراهم کنند و خود نیز در لباس بازرگانان وارد آنها شوند. سپس تعداد زیادی از سربازان در لا به لا[281]ی بارها مخفی شدند و پهلوانان سپاه نیز لباس بازرگانان را پوشید و به همراه اسفندیار به روئین دژ نزدیک شدند. نگهبانان که صدای زنگ شترها

---

[276] [neirang] 계략. 사기. 속임수.
[277] [borj] 탑. 요새.
[278] [mostahkam] 견고한. 단단한.
[279] [morāqebat kardan] 지키다. 경계하다.
[280] [rāhyābi] 탐구. 개척.
[281] 사이 사이에.

را شنیدند خبر رسیدن کاروان را به ارجاسب دادند و او اجازه داد تا آنها وارد دژ شوند. با بازشدن درهای دژ، اسفندیار و پهلوانان دیگر نیز وارد شدند و شروع به خرید و فروش اجناس کردند. اسفندیار به نزد ارجاسب رفت و خود را بازرگانی ثروتمند معرفی نمود و کیسه ای پر از جواهرات به او هدیه داد و از ارجاسب خواست تا میهمانی ای در دژ برپا کند و ارجاسب و سربازانش را به آن میهمانی دعوت کند. ارجاسب نیز با خوشحالی پذیرفت.

شب فرا رسید و اسفندیار و همراهانش جشنی بزرگ، برپا کردند و با غذاها و نوشیدنیهای فراوان شاه و سربازانش را پذیرایی کردند. بعد از مدتی همه سست[282] و سنگین شدند و به خواب رفتند. اسفندیار از این فرصت استفاده کرد و به همراه پهلوانان سپاهش، ارجاسب و سربازانش را کشت و آنگاه خواهرانش را که در دژ زندانی بودند، آزاد کرد.

به این ترتیب، روئین دژ نیز بدست اسفندیار ویران شد[283] و سپاه توران، بار دیگر شکست خورد و او خوشحال و پیروز[284]، به همراه خواهران و سپاهیانش به ایران بازگشت.

---

[282] [sost] 느슨한. 태만하게.
[283] [virān shodan] 무너지다.
[284] [piruz] 의기양양한.

제5과
로스탐과 에스환드여르의 전쟁

نبرد رستم و اسفند یار

اسفندیار[285] پس از گذشتن از هفت خوان و شکست دادن تورانیان، اکنون پیروز و شاد، نزد پدرش گشتاسب[286] می رفت. گشتاسب به خاطر این پیروزی جشنی بزرگ برپا کرد و همه به شادی و پایکوبی[287] پرداختند. اسفندیار امیدوار بود که پدر به پیمان خود عمل کند و تاج و تخت پادشاهی را به او بسپارد؛ اما گشتاسب چنین نکرد. شاه رو به اسفندیار کرد و گفت:

((تو پهلوانی نیرومند و شجاعی، تو ارجاسب[288] و سپاه توران را شکست دادی، از هفت خوان گذشتی و خواهرانت را از رویین دژ[289] آزاد کردی، ولی اکنون ما دشمن دیگری داریم. اگر می خواهی پادشاهی را به تو بسپارم، باید به

---

[285] [esfandyār] 인명.
[286] [goshtāsb] 인명. 혹은 گشتاسپ [goshtāsp]라고 함.
[287] پایکوبی = [pā/y/kubi] 춤추다.
[288] [arjāsb] 인명. 혹은 ارجاسپ [arjāsp]라고 함.
[289] [ruyin dezh] 루인 성곽. 요새.

زابلستان بروی و رستم را دست بسته[290] نزد من بیاوری. اگر این کار را انجام دهی، به خداوند سوگند[291] که پادشاهی را به تو خواهم سپرد.))

اسفندیار جواب داد:

((ای پدر، چگونه به جنگ رستم روم و پهلوانی چون او را به بند کشم، در حالیکه او دشمنان ایران را از میان برداشته و همیشه پشت و پناه[292] مردم ایران بوده است.))

اما شاه بی آنکه به سخن پسر توجه کند گفت:

((اگر می خواهی من به پیمانم عمل کنم، باید که فرمان مرا اجرا[293] کنی.))

اسفندیار از سخنان پدر غمگین شد، ولی چاره ای جز اطاعت نداشت. برای خداحافظی نزد مادرش کتایون[294] رفت. کتایون که روزگاری را پشت سرنهاده[295] و سرد و گرم آنرا چشیده بود[296] از سر[297] پند و نصیحت به فرزند گفت:

---

[290] [dast baste] 손을 묶은 채.
[291] [sougand] 맹세. 선서.
[292] [panāh] 보호아래. 감시하.
[293] [ejrā] 실행. 수행.
[294] [katāyun] 인명.
[295] [posht-e sar nehādan] 연이어 지나다. 계속해서 이어지다.
[296] سرد و گرم روزگاری را چشیدن 풍부한 경험을 가지다.
[297] ..에 대하여. ....을.

((فرزندم، پدرت پیر و ناتوان است. همه، امیدشان به توست. جانت را به خطر نینداز و به جنگ رستم نرو، او پهلوانی نیرومند است و هیچ کس حریف[298] او نیست.))

اسفندیار در جواب مادر گفت:

((ای مادر سخن تو درست است و شایسته[299] نیست که من به جنگ رستم روم و او را اسیر کنم، ولی می دانی که قادر به سرپیچی[300] از فرمان پدر نیستم. پس اکنون که چاره ای جز رفتن ندارم، به سیستان می روم و به خداوند سوگند که با احترام با رستم برخورد خواهم کرد.))

گویا[301] سخنان کتایون نیز نمی توانست مانع از رفتن او شود.

اسفندیار سوار بر اسب آرام، آرام، دور می شد و مادرش دور شدن او را نظاره می کرد[302]، می گریست و از ته دل برای او آرزوی پیروزی می کرد.

---

[298] [harif] 상대. 적수. 호적수.
[299] [shāyeste] 걸 맞는. 가치 있는. 적합한. ...할 만한.
[300] [sar pichi] 불복종하는. 명령을 따르지 않는. 불복하는.
[301] [guyā] 명백한. 뚜렷한. 부사로 사용.
[302] [nezāre kardan] 바라보다.

***

وقتی اسفندیار و لشکریانش به کنارِ رود هیرمند[303] رسیدند، او دستور داد تا در آنجا اردوگاهی برپا کنند. اسفندیار پهلوانان سپاه را جمع کرد و به آنها گفت: ((شاه فرمان داده، تا پس از رسیدن به زابل، رستم را اسیر کرده و با دستهای بسته، به قصر او ببرم. اما من این کار را نخواهم کرد. زیرا ایران زمین، با دستان پر توان رستم، از دست دشمنان محفوظ[304] مانده است، از اینرو بهتر است فردی را نزد او بفرستم و از او دعوت کنم به اینجا بیاید. اگر تسلیم شده[305] و قبول کرد که دست بسته، نزد شاه بیاید، هرگز به او بی احترامی نمی کنم و با او نمی جنگم، در غیر این صورت مجبورم با او نبرد کنم.))

به این ترتیب، اسفندیار، پسرش بهمن[306] را برای این کار برگزید و به او چنین گفت:

((درود[307] و سلام مرا به رستم برسان و با احترام با او سخن بگو و از او بخواه[308] که به در بار گشتاسب بیاید و به او خدمت کند. زیرا که شاه از او

---

[303] [hirmand] 아프가니스탄에 있는 강 이름.
[304] [mahfuz] 보호된. 보존된.
[305] [taslim shodan] 항복하다. 순종하다.
[306] [bahman] 인명.
[307] [dorud] 인사.
[308] ...을 원해라. ...청해라.

ناراحت است و به من فرمان داده که او را دست بسته نزد شاه ببرم. اکنون خود نزد اسفندیار بیا تا با احترام به دربار شاه برویم.))

بهمن سوار بر اسب راهی زابل شد. هنگامی که به شهر رسید، زال، پدر رستم به استقبال او آمد. بهمن سراغ رستم را گرفت و دریافت که او برای شکار به شکارگاه رفته است و در شهر نیست. بهمن به طرف شکارگاه حرکت کرد. وقتی از دور چشمش به رستم افتاد، از دیدن چنین پهلوانی در شگفت ماند و با خود گفت:

((ممکن است، پدرم حریف او نباشد و در جنگ با او شکست بخورد. پس بهتر است که خود، دست به کار شوم و قبل از روبرو شدن آنها فکری بکنم.))

سپس سنگ بزرگی را از کوه جدا کرد و آن را به طرف پایین کوه، جایی که رستم دراز کشیده بود، رها کرد. سنگ غلتان[309]، غلتان پایین می آمد و دیگر سنگها را نیز با خود حرکت می داد. با نزدیک شدن سنگ، رستم بدون اینکه خم به ابرو بیاورد، با پاشنه[310] پا، آن را از خود دور کرد.

بهمن که از دور شاهد این منظره بود با خود گفت:

---

[309] غلتیدن [ghalatidan] 구르다 의 현재 분사형. 즉, 구르면서.
[310] [pāshne] 발뒷꿈치.

((اگر اسفندیار، با چنین پهلوانی بجنگد، بی گمان[311] شکست خواهد خورد.))

آنگاه نزد رستم رفت و پیام اسفندیار را به او داد. رستم پس از شنیدن سخنان بهمن، چنین جواب داد:

((هر زمان که اسفندیار بخواهد، من به دربار شاه خواهم آمد ولی هرگز اجازه نخواهم داد که مرا دست بسته نزد او ببرید.))

بهمن ناامید نزد پدر بازگشت و پاسخ رستم را برای او بازگو کرد. وقتی اسفندیار دانست که رستم اجازه نخواهد داد تا او را دست بسته به نزد شاه ببرند، پیغام فرستاد تا رستم خود را آمادهٔ نبرد سازد.

* * *

صبح روز بعد، پس از طلوع خورشید رستم سوار بر رخش به کنار هیرمند آمد. او تصمیم داشت اسفندیار را نصیحت کند و او را از جنگ باز دارد[312].

پس به اسفندیار چنین گفت:

((ای اسفندیار، تو به خود مغرور شده ای[313] و گمان می کنی که می توانی با من بجنگی. اما بدان که در این جهان هیچ کس حریف من نیست. من سالها با

---

[311] [bi gomān] 의심할 바 없이. 확실하게.
[312] [bāz dāshtan] 막다.
[313] [maghrur shodan] 오만해지다.

سربلندی زندگی کرده ام و از کسی شکست نخورده ام. تو جوان و بی تجربه ای، بهتر است با من به جنگ نپردازی و خود را به کشتن ندهی.))

اسفندیار جواب داد:

((من همان اسفندیار رویین تنم[314] که هیچ سلاحی[315] بر من اثر ندارد. من از هفت خوان گذشتم و رویین دژ را با همه استواری اش ویران کردم[316]. بدان که از من شکست خواهی خورد.))

رستم گفت:

((ای اسفندیار! بدان که شاه، تو را به جنگ با من فرستاده، تا به دست من کشته شوی و او بتواند با خیالی آسوده، به پادشاهی خود ادامه دهد.))

اسفندیار که گویی[317] غرور[318] چشمانش را کور کرده بود، بدون اینکه نصیحت رستم در او اثر کند، در پاسخ گفت:

((ای پهلوان، تو می کوشی تا با این سخنان خود را از جنگ با من نجات دهی، ولی من فریب نخواهم خورد. اکنون خود را برای جنگ آماده کن تا بفهمی که

---

[314] رویین تن ام [ruyin tan am] (나는) 힘이 좋고 단단한 몸을 가진...이다.
[315] [salāh] 무기. 여기서는 어떤 무기도.
[316] [virān kardan] 폐허가 되게 하다. 황폐화시키다. 무너뜨리다.
[317] [guy(')i] 마치. 흡사.
[318] [ghorur] 오만. 거만. 자존심.

پهلوان کیست و جنگ مردانه چگونه است.))

سرانجام کار رستم و اسفندیار به جنگ کشید و برای رستم چاره ای جز جنگ نماند. پس تیر و کمان و گرز و شمشیر برگرفت و آماده نبرد شد.

طولی نکشید که در میانه ی میدان، دو پهلوان همچون دو شیر باهم گلاویز شدند[319] و گرد و خاک از زمین به هوا برخاست. ابتدا با نیزه[320] به جنگ پرداختند و آنقدر نیزه ها را برهم زدند و جنگیدند که نیزه ها شکست. به ناچار دست به شمشیر بردند. شمشیرها چون رعد در هوا می چرخیدند و برق آنها[321] چشمها را خیره می کرد[322]. دو پهلوان چنان گرم رزم و نبرد بودند که گویی خستگی در آنها راه ندارد. سرانجام شمشیرهایشان نیز شکست و این بار با گرز به هم هجوم[323] بردند. آنقدر جنگ به درازا کشید که دسته ی گرزها هم شکست؛ ولی هیچ یک بر دیگری پیروز نمی شد. نیزه و شمشیر و گرز شکسته بود، پس چاره در این بود که کمان در دست گیرند و تیر برهم زنند.[324] چندی نگذشت که بارانی از تیر باریدن گرفت. تیرهای رستم بر اسفندیار اثری

---

[319] [ga/e/lāviz shodan] 서로 엉켜 싸우기 시작하다. 싸우기 위해 서로 붙다.
[320] [neize] 창. 작살.
[321] (부딪혀서 일어나는) 그것들의 불똥.
[322] [khire kardan] 보게끔 만들다. 주시하게 하다.
[323] [hojum] 공격. 돌격.
[324] 그래서 활을 손에 들고 화살을 서로 겨누다.

نداشت، اما تن رستم در اثر تیر های اسفندیار، زخمی و خون آلود شد.

کم کم آفتاب غروب می کرد و شب فضا را در بر می گرفت[325]. پس رستم و اسفندیار جنگ را متوقف کردند[326] تا پس از استراحت و باز یافتن[327] نیروی از دست رفته فردا دوباره به میدان بیایند.

رستم که دانست، اسفندیار رویین تن است و خویش را خونین و خسته دید، نزد پدرش، زال رفت و به او چنین گفت:

((اسفندیار پهلوانی نام آور و رویین تن است و سلاح من بر او کار گر[328] نیست. اگر فردا به میدان بروم بدست او کشته خواهم شد.))

زال جواب داد:

((برای هر کار دشواری چاره ای پیدا می شود. در این کار باید از سیمرغ[329] کمک بخواهیم.))

زال بر بالای کوه رفت. آتشی افروخت[330] و پر[331] سیمرغ را در آن نهاد. طولی نکشید که در سیاهی شب، سیمرغ در کنار زال فرود آمد. سیمرغ پرسید:

---

[325] 꺼안다. 여기서는 온 누리를 밤으로 에워쌓다.
[326] [motavaqqef kardan] 중단시키다. 정지시키다.
[327] 얻다. (힘을) 축적하다.
[328] [kārgar] 유효한. 효과가 있는.
[329] [simorgh] 불사조. 이란신화에 등장하는 전설상의 새.
[330] [afrukhtan] 불을 붙이다.
[331] [par] 깃털.

((برای چه اندوهگینی و با من چکار داری؟))

زال ماجرا را برای سیمرغ بازگو کرد و از او چاره مشکل را جویا شد[332].

سیمرغ به زخمهای رستم و رخش نگاهی کرد. تیرها را با منقار بیرون کشید و پرش را به زخمها مالید[333]. زخمها در دم درمان شدند. آنگاه به رستم گفت:

((برای چه با پهلوانی چون اسفندیار جنگیدی؟ مگر نمی دانستی که او روئین تن است و هیچ سلاحی بر او کارگر نیست.))

رستم جواب داد:

((اگر اسفندیار از بستن دستهای من سخن نمی گفت، با او نمی جنگیدم. اکنون چاره ای برای این کار بیاندیش[334].))

سیمرغ گفت:

((تو خود می دانی که با هیچ سلاحی نمی توانی بر اسفندیار پیروز شوی. اما بدان که چشمهای او آسیب پذیر[335] است و تنها از این راه می توانی او را از پا درآوری[336]. از درخت گز[337] تیر دو سری[338] بساز و آنرا به طرف

---

[332] [juyā shodan] 조사하다. 찾다.
[333] [mālidan] 문지르다.
[334] به + اندیش 생각해.
[335] [āsibpazir] 상처 입을 수 있는. 상처받는.
[336] [az pā dar āvardan] 약하고 힘없이 만들다. 쇠약하게 하다. 힘을 줄이다.
[337] [gaz] 나무이름. 성류나무.
[338] 끝이 둘로 된.

چشمهای اسفندیار نشانه بگیر.))[339]

رستم همانطور که سیمرغ گفته بود، تیری دو سر ساخت و خود را آماده کرد تا فردا به جنگ اسفندیار برود.

صبح فردا، دو پهلوان برای بار دوم به میدان آمدند و روبروی هم قرار گرفتند. اسفندیار در تعجب بود که چگونه زخمهای رستم بهبود یافته[340] است و به او گفت:

((زال تو را جادو کرده[341] است، وگرنه امروز دیگر توان مبارزه با من را نداشتی.))

رستم جواب داد:

((ای پهلوان، از خداوند بترس و از جنگ دست بردار. من امروز برای جنگ با تو نیامده ام و از تو می خواهم که دست از نبرد برداری تا من هرآنچه را طی[342] سالها بدست آورده ام به تو ببخشم[343] و همراه تو با صلح و دوستی، به نزد شاه بیایم.))

---

[339] [neshāne gereftan] 과녁을 맞추다. 조준하다.
[340] [behbud yāftan] 회복하다.
[341] [jādu kardan] 요술을 부리다. 호리다.
[342] [dar tei-ye] ...하는 동안에.
[343] من (나는) (ب...) + بخش + م... 주다.

اسفندیار گفت:

((تو ترسیده ای و از ترس جنگ با من و کشته شدن این سخنان فریبنده[344] را می گویی. اما من فریب نخواهم خورد.))

رستم دانست که پند و سخنش در اسفندیار اثری ندارد. به ناچار تیر را در کمان نهاد و آن را به طرف چشمان اسفندیار نشانه رفت. لحظه ای نگذشت که تیر در دو چشم اسفندیار جای گرفت و خون از آنها سرازیر گشت. جهان در پیش چشم او تیره و تار[345] گردید و از اسب به زیر افتاد. رستم که حال او را چنین دید، خود را به بالای سر او رساند و شروع به گریستن کرد و به اسفندیار گفت:

((تو خود خواستی که چنین شود و زال و سیمرغ و من گناهی نداریم. من خواستم که تو را آگاه کنم تا از جنگ دست برداری، اما تو سخن مرا نشیده[346] گرفتی و خود را به کشتن دادی.))

اسفندیار که اکنون از کار خود پشیمان شده بود، رو به رستم کرد و گفت:

((ای پهلوان دلیر، من به خود مغرور بودم و پند تو را نپذیرفتم. گمان می

---

[344] [faribande] 속이는.
[345] [tire va tār] 어두운. 깜깜한.
[346] نشنیده =

کردم می توانم حریف تو شوم. اما حال که سرنوشت، مرا به چنین حالی انداخته، از تو درخواستی دارم و آن اینست که پسرم را با خود به زابلستان ببری و هنر جنگاوری و رزم را به او بیاموزی و از او پهلوانی نیرومند، همچون خود بسازی.))

رستم نیز با او پیمان بست که چنین کند[347].

لحظه ای بعد، اسفندیار که با صورتی خونین نقش[348] بر زمین شده بود، جان به جان آفرین تسلیم کرد[349].

---

[347] 그렇게 한다고.
[348] 피흘리는 채로.
[349] [jān be jān āfarin taslim kardan] 죽다.

제6과
씨여바쉬의 죽음

مرگ سیاوش

مدتی بود که از آمدن سیاوش به توران زمین و ازدواج او با فرنگیس[350]، دختر زیبا و مهربان افراسیاب، پادشاه توران زمین می گذشت[351]. با گذشت زمان[352] علاقهٔ افراسیاب و وزیر دانای او، به سیاوش بیشتر می شد. آنها سیاوش را همچون فرزند خود، دوست می داشتند. تنها گرسیوز[353]، برادر افراسیاب، از آمدن سیاوش به توران زمین راضی نبود. او بخاطر شکست[354] سختی که از سیاوش، در جنگ بلخ خورده بود، کینه زیادی از او در دل داشت، و همیشه با بدگوئی های خود سعی داشت افراسیاب و دیگر فرماندهان

---

[350] [farangis] 인명.
[351] 지나다, 여기서는 세월 즉 시간이 흘렀다라는 의미임.
[352] 시간의 흐름과 함께
[353] [garsivaz] 인명.
[354] 패배(실패)때문에.

تورانی را نسبت به‌[355] او بدبین کند.

روزی افراسیاب، به سیاوش چنین گفت :

((فرزندم! من می خواهم تو در سرزمین توران، شهر بزرگی بناکنی و با دخترم، فرنگیس، به آن شهر بروید و در آنجا زندگی کنید و تو حاکم آن شهر باشی.))

سیاوش سخن افراسیاب را پذیرفت و خیلی زود، شروع به ساختن شهری بزرگ و زیبا در دامنه سرسبز کوه آغاز شد. پس از ساخته شده شهر، نام آن را سیاوش گرد[356] نهادند. سیاوش در آن شهر زیبا، قصر با شکوهی ساخت و فرنگیس را با خود به آنجا برد.

محبوبیت[357] سیاوش در نزد افراسیاب، روز بروز بر حسادت گرسیوز می افزود به طوری که دیگر تحمل دیدن سیاوش را نداشت و پیوسته به فکر نقشه ای، برای از بین بردن او بود.

یک روز افراسیاب به گرسیوز گفت :

((ای برادر وفادارم! از تو می خواهم به شهر سیاوش گرد بروی. چند روز

---

[355] ...에 대해서. ...관해서.
[356] [siāvash gerd] 지명.
[357] [mahbubiyat] 인기. 총애.

پیش داماد و دخترم بمانی و از وضع آنها آگاه شوی.))

گرسیوز هزار سوار از بین سواران جنگجوی خویش انتخاب کرد و بسوی سیاوش گرد، به راه افتاد. وقتی خبر آمدن گرسیوز به سیاوش رسید فورا به پیشواز[358] او آمده و از وی به گرمی[359] استقبال کرد[360] و او را به قصر زیبای خود برد.

روز بعد تمام شهر را به گرسیوز نشان داد. با دیدن زیباییهای شهر، برحسد[361] گرسیوز افزوده شد و با خود گفت :

((با این وضع، سیاوش بزودی از همه به افراسیاب نزدیکتر خواهد شد، بهتر است زود دست به کار شوم و حیله ای به کار ببندم.))

روز سوم، سیاوش با گرسیوز به شکار رفت. پس از بازگشت از شکار، گرسیوز رو به سیاوش کرد و گفت :

((ای سیاوش! تو پهلوان بسیار بزرگی هستی و من نیز بزرگترین پهلوان و دلاور توران زمین می باشم. دوست دارم با تو کشتی[362] بگیرم و تو را بر

---

[358] [pishvāz] 마중. 맞이함.
[359] به + گرم + ی , 따뜻하게.
[360] [esteqbāl kardan] 맞아들이다. 환영하다. 누군가를 만나다.
[361] [hasad] 부러움. 시기.
[362] [koshti] 레슬링과 같은 몸싸움.

زمین بزنم.))

اما سیاوش که دوست نداشت با زمین زدن گرسیوز و غلبه[363] بر او خشم[364] او را نسبت به خود افزایش دهد، گفت :

((ای پهلوان بزرگ! تو از بزرگان و فرماندهان توران و برادر افراسیاب هستی و من تو را بسیار دوست می دارم[365] و نمی خواهم با تو کشتی بگیرم. اگر دوست داری از بین پهلوانان و دلاورانت دو نفر را انتخاب کن تا با آنها مبارزه نمایم.))

گرسیوز فوراً دو تن از نیرومندترین و قویترین پهلوانان خود را انتخاب کرد. همه منتظر نتیجهٔ این مبارزه دوستانه، بودند. طولی نکشید که دو جنگجوی ترک[366] را بلند نموده و محکم بر زمین کوبید. گرسیوز با دیدن آن همه قدرت و نیرو در سیاوش تعجب کرد و به فکر فرو رفت.

گرسیوز فردای آن روز، با هدایای فراوانی که سیاوش برای افراسیب فرستاده بود به سوی گنگ[367]، پایتخت توران حرکت کرد. پس از رسیدن به پایتخت،

---

[363] [ghalabe] 승리. 우세.
[364] 그를 이겨서.
[365] 현대 이란어문법에서는 می 접두사를 사용하지 않으나 여기서는, 진행의 의미임.
[366] [tarak] 틈을 보인.
[367] [gang] 지명.

بی درنگ نزد افراسیب رفت و گفت :

((برای عزیزم! سیاوش می خواهد به تو خیانت کند^{368}. او فرستادگانی^{369} به ایران می فرستد و با ایرانیها، ارتباط دارد. او سپاه بزرگی فراهم کرده و می خواهد در یک فرصت مناسب، به ما حمله کند و توران زمین را بگیرد.))

افراسیب با شنیدن حرفهای برادرش نسبت به سیاوش بدبین شد و به گرسیوز گفت:

((من او را آزمایش می کنم و اگر حرفهای تو درست باشد، او را از توران زمین بیرون می کنم تا به ایران باز گردد.))

ولی گرسیوز که فقط در اندیشه کشتن سیاوش بود گفت :

((نه ای برادر! او از تمام اسرار^{370} ما با اطلاع است و این اسرار ما، نباید به گوش کیکاووس برسد و گرنه^{371} از او شکست خواهیم خورد.))

افراسیب که حرفهای گرسیوز را قبول کرده بود، جواب داد :

((آری برادرم! درست می گویی، اگر او به من خیانت کرده باشد حتما او را خواهم کشت. اکنون تو به سیاوش گرد   برو   و   به او بگو تا فورا به نزد

---

^{368} [khiyānat kardan] 배신하다. 배반하다.
^{369} [ferestādegān] 파견자들.
^{370} سر [serr]의 복수형. [asrār]
^{371} و اگر نه 만약 아니라., 그렇지 않으면 (전 문장과 반대되는 의미임).

제6과 씨여바쉬의 죽음

من بیاید. من می خواهم از اندیشه های او با خبر شوم.))

گرسیوز که از مدتها قبل منتظر چنین فرصتی بود، فورا سوار بر اسب باد[372] پایش شده و به سوی سیاوش گرد حرکت نمود.

گرسیوز به محض[373] رسیدن، نزد سیاوش جوان رفت و اینچنین گفت :

((ای سیاوش! افراسیاب خواسته است که تو نزد او به پایتخت بروی.))

با شنیدن این خبر، سیاوش بسیار خوشحال شد و تصمیم گرفت فورا به پایتخت برود. گرسیوز که می دانست با رفتن سیاوش نزد افراسیاب، تمام نقشه های او نقش بر آب[374] خواهد شد، حیله ای بکار بست[375] و گفت :

((ای سیاوش! افراسیاب به تو بدبین شده و تصمیم به کشتی تو دارد. او می خواهد تو به پایتخت بروی تا تو را از بین ببرد. اکنون نامه ای برای او بنویس و به بهانه ای از رفتن نزد او، خود داری کن. شاید مدتی بعد، از تصمیم خود منصرف[376] شود.))

سیاوش پاک دل، که حرفهای گرسیوز مکار را باور کرده بود، در نامه ای که

---

[372] 날쌘 말.
[373] [be mahz] 하자마자.
[374] [naqsh bar āb] 효과없는. 쓸모없는.
[375] 계략을 꾸미다.
[376] [monsaref] 생각을 바꾸는. 마음을 바꾸는.

بیماری همسرش، فرنگیس را بهانه ای برای نرفتن به پایتخت، بیان نمود و نامه را به گرسیوز داد تا برای افراسیاب ببرد. گرسیوز بد سرشت[377] که کم کم داشت به هدف خود می رسید، فورا به نزد افراسیاب رفت و نامه سیاوش را به او داد و به دروغ چنین گفت :

((برادر! به تو گفته بودم که سیاوش قصد خیانت دارد. او تصمیم دارد با سپاهی عظیم[378] به ما حمله کند و این نامه را هم برای فریب تو نوشته است.))

افراسیاب که آتش خشم و غرور چشمانش را کور کرده بود، فرماندهانش را خبر کرد و به آنها چنین دستور داد :

((سپاهی بزرگ فراهم کنید. می خواهم به سیاوش گرد بروم و سیاوش خیانتکار را به سزای اعمالش برسانم.))

از سوی دیگر، سیاوش به نزد همسر مهربانش فرنگیس، رفت و ماجرا را برای او تعریف کرد. فرنگیس که پدرش را به خوبی می شناخت گفت :

((ای همسر مهربانم! من پدر خود را خوب می شناسم، وقتی آتش خشم[379] او

---

[377] [bad seresht] 성질이 나쁜.
[378] ['azim] 큰. 위대한. 중요한.
[379] [khashm] 노여움. 분통. 화.

زبانه بکشد[380]، هیچکس نمی تواند آن را خاموش کند. تو باید فورا از توران زمین بروی و به ایران بازگردی، تا[381] بتوانی از چنگ افراسیاب جان سالم بدر ببری[382].))

سیاوش که چاره ای نداشت[383]، از همسرش خداحافظی کرد، سوار بر اسب شده و به سوی ایران زمین حرکت نمود.

هنوز سیاوش از شهر[384] دور نشده بود که به لشکر افراسیاب برخورد. او هر چه[385] سعی کرد ماجرا را برای افراسیاب توضیح دهد، فایده ای نداشت و افراسیاب به لشکر دستور داد، تا به او حمله کرده، او را به بند بکشند[386]. سیاوش که پهلوان جوانمردی[387] بود و می دانست که افراسیاب اشتباه می کند به روی آنها شمشیر نکشید و سر جای خود ایستاد. سواران با کمند[388]، سیاوش را به بند کشیدند. افراسیاب هم فورا دستور داد، تا سر از تن جوان ایرانی جدا کنند. سپس با سپاهش به سیاوش گرد حمله کرد و پس از گرفتن آن شهر،

---

[380] [zabāne keshidan] 불꽃이 타오르다.
[381] …하도록.
[382] [bedar bordan] 구제하다. 도와주다.
[383] 다른 방법이 없었다.
[384] 도시로부터 먼 거리
[385] 아무리 … 해도.
[386] [band keshidan] (포로에게 하는)틀과 사슬을 씌우다.
[387] [javānmard] 용감한. 건강한. 관대한. 남자다운.
[388] [kamand] 올가미. 덫.

دستور داد فرنگیس، همسر باردار[389] سیاوش را، به زندان بیاندازند[390].

خبر مرگ مظلومانه[391] سیاوش، در تمام سرزمین[392] توران و سرزمین ایران، پیچید. رستم، پدرخواندهٔ[393] سیاوش که این زمان، در زابلستان به سر می برد، پس از آگاهی از مرگ مظلومانه سیاوش، بسیار اندوهگین شد و دستور داد، تا هفت روز، عزاداری کنند[394] و روز هشتم با لشکری عظیم برای انتقام[395] خون سیاوش به راه افتاد.

پس از رسیدن به پایتخت به قصر کیکاووس رفت. فرماندهان ایرانی با دیدن رستم پهلوان، به استقبال او شتافتند. او پس از وارد شدن به قصر، به سراغ سودابه، همسر کیکاووس رفت و او را که عامل تمام بدبختیهای سیاوش پاک دل بود با یک ضربه شمشیر از بین برد. سپس با سپاهش بسوی شهر سینجاب[396] در نزدیکی توران زمین حرکت کرد. فرامرز[397] پسر رستم، حاکم

---

[389] [bārdār] 임신한. 아이를 가진.
[390] زندان انداختن , 감옥에 넣다.
[391] [mazlumāne] 억압을 받아. 순종하여. 굴종적으로.
[392] 영토. 국토.
[393] 양아버지.
[394] ['azādāri kardan] 애도하다.
[395] [enteqām] 보복, 복수. 앙갚음.
[396] [sinjāb] 지명.
[397] [frāmarz] 인명.

شهر سینجاب بود. رستم تصمیم داشت از طریق[398] سینجاب، به توران زمین حمله کند.

از طرف دیگر، افراسیاب، پس از کشتن سیاوش، به فرزند خود سرخه[399]، دستور داد تا به شهر سینجاب حمله نموده و فرامرز، پسر رستم را از بین ببرد. بدین ترتیب سرخه پسر افراسیاب با یک سپاه سی هزار[400] نفری به سینجاب حمله کرد. خبر حمله سپاه توران به فرماندهی سرخه به رستم و فرامرز رسید و لشکر ایران با سپاهی عظیم به مقابل آنها رفت.

دو سپاه رو در روی هم[401] صف کشیده بودند. سرخه جلو آمد و فرامرز را به مبارزه طلبید. فرامرز با اسب به سوی او تاخت. سرخه با نیزه ضربه ای بر کمر فرامرز کوبید ولی این ضربه تأثیری در او نداشت. فرامرز شجاع، کمر سرخه را گرفته و او را از روی اسب، به زمین کوبید[402] و سپس از اسب پیاده شد و با خنجر[403] سر از تن او جدا کرد. لشکر توران با دیدن مرگ فرمانده خود بسیار ترسیدند، دست از جنگ برداشته و به پایتخت باز گشتند.

---

[398] [tariq] ...을 경유해서. ...통해서.
[399] [sorkhe] 인명.
[400] 30,000
[401] 서로 얼굴을 맞대고.
[402] [kubidan] 박다. 팽개치다.
[403] [khanjar] 작은 칼. 비수. 단도.

هنگامی که افراسیاب از خبر مرگ فرزندش شکست سپاه توران آگاه شد، سپاه بزرگی فراهم نموده و بسوی ایران حرکت کرد.

هنگامی که رستم از حمله دوباره لشکر افراسیاب آگاه شد، سپاه ایران را به مقابله آنها آورد. رستم پیشاپیش[404] سپاه ایران، و افراسیاب جلوتر از همه تورانیان بسوی هم پیش می آمدند و بدنبال آنان، سواران و پهلوانان و نیزه داران[405] قرار داشتند. دو سپاه رو در روی هم ایستادند.

پیلسم[406]، برادر پیران و بزرگترین پهلوان توران نزد افراسیاب آمد و چنین گفت :

((ای پادشاه بزرگ! به من اجازه دهید تا با رستم، تن به تن بجنگم و او را برای همیشه از بین ببرم.))

افراسیاب از حرفهای او خوشحال شد و گفت :

((ای پیلسم! اگر تو رستم را از بین ببری، ما به راحتی بر ایران پیروز می شویم[407] و من فرمانروایی ایران را به تو خواهم بخشید.))

پیلسم، سوار بر اسب به نزدیکی سپاه ایران آمده و فریاد زد :

---

[404] [pishāpish] ...의 앞에.
[405] [nize dārān] 창, 작살, 투창을 가지고 있는 자들.
[406] [pilsam] 인명.
[407] [piruz shodan] 승리하게 되다.

((کجاست رستم پهلوان! من آمده ام تا او را برای همیشه از بین ببرم.))

رستم با شنیدن صدای او و بدون معطلی[408]، سوار بر اسب باد پایش رخش شده و بسوی او حمله برد. گرد و غبار[409] سم[410] اسبهای دو پهلوان، تمام میدان را تیره و تار[411] کرده بود. لشکریان منتظر بودند تا نتیجه این مبارزه را ببینند. مدتی دو پهلوان با گرز و شمشیر به یکدیگر می تاختند ولی این ضربه ها در هیچکدام اثری نداشت. نا گهان رستم فریاد بلندی کشید و با نیزه اش بر پهلوی پیلسم کوبید. نیزه زره[412] او را شکافت و در بدنش فرو رفت. سپس با نیزه پیلسم را از روی اسب بلند کرد و دور سر خویش چرخانید[413] و او را بسوی سپاهیان افراسیاب پرتاب کرد.

تورانیان، با دیدن مرگ بزرگترین پهلوان خود روحیهٔ خود[414] را از دست دادند و بسیار ترسیدند. سپس رستم به سپاهیان ایران دستور داد. جنگ سختی میان دو لشکر در گرفت[415]. رستم و فرامرز و دیگر پهلوانان ایرانی از هر

---

[408] 지체하지 않고.
[409] [gard va ghobār] 먼지.
[410] [som] 발굽.
[411] [tire-o tār] 어두운.
[412] [zare] 갑옷.
[413] چرخیدن 의 사역형.
[414] [ruhiyeye khod] 자신의 사기.
[415] 시작되다.

سو بر لشکر توران می تاختند و آنها را به خاک و خون می کشیدند. افراسیاب که شاهد کشته شدن سربازان خویش بود، شمشیر به دست گرفت و به قسمت راست سپاه ایران حمله برد و عدۀ زیادی از جنگجویان ایرانی را کشت. پهلوان طوس، وقتی دید که قسمت راست سپاه ایران در اثر حمله افراسیاب ضعیف شده، خود را به رستم رساند و ماجرا را برایش شرح داد. رستم بی درنگ به جانب راست سپاه ایران تاخت و با دیدن افراسیاب به او حمله کرد. جنگ بسیار سختی بین آندو آغاز شد. افراسیاب نیزه اش را بالا آورد و با تمام قدرتش ضربه محکمی بر پهلوی رستم کوبید ولی این ضربه اثری در رستم نداشت. رستم با نیزه بر کلاه خود افراسیاب کوبید. افراسیاب از شدت ضربه رستم گیج شد و چیزی نمانده بود که از روی اسب به زمین بیفتد. اما هومان وزیر افراسیاب خود را به رستم رساند و با گرز ضربه محکمی بر شانه او کوبید و فرار کرد. رستم دست از افراسیاب برداشت و به تعقیب هومان پرداخت ولی هومان خودش را بین جنگجویان[416] پنهان ساخت و به این ترتیب افراسیاب از چنگ رستم جان سالم، بدر برد.[417]

جنگجویان تورانی پا به فرار گذاشتند. سپاهیان ایران در تعقیب آنها وارد توران

---

[416] [jangjuyān] 전사들.
[417] [be dar bordan] 벗어나다.

زمین شدند. افراسیاب و دیگر فرماندهانش خود را به دریای چین[418] رسانده و به آن سوی دریا گریختند[419] و به این ترتیب سرزمین توران به دست[420] رستم قهرمان، فتح شد[421].

---

[418] 중국해(海).
[419] [farā kardan] 가까이 하다. 앞 쪽으로 향하다.
[420] ...에 의해서. ...손으로.
[421] [fath shodan] 정복하게 되다.

제7과
로스탐과 보르주

سر گذشت[422] رستم و برزو

در پی[423] شکست سپاه توران زمین از لشکریان ایران روزی افراسیاب، پادشاه توران، غمگین و خسته به پایتخت خود باز می گشت که در بین راه، به سرزمین سبز و خرّمی بنام شنگان[424] رسید. تصمیم گرفت چند روزی در آنجا استراحت کند. مشغول گشت و گذار در آن اطراف بود که چشمش به جوانی قوی هیکل[425] و درشت[426] اندام افتاد. جوان بازوانی[427] ورزیده، سینه ای ستبر[428]، گردنی فراخ[429] و قامتی[430] بلند داشت. افراسیاب با دیدن آن جوان خوش اندام، به فکر فرو رفت، به یکی از همراهان خود که پهلوانی ورزیده

---

[422] [sar gozasht] 모험담. 사건. 이야기.
[423] [pei] 근거.
[424] [shangān] 지명. شگنان 으로도 불림.
[425] [qavi heikal] 거대한. 건장한. 강한.
[426] [dorosht] 큰. 광대한.
[427] بازو 의 복수형. 발음은 [bāzovān].
[428] [setabr] 두꺼운. 굵은. 튼튼한.
[429] [farākh] 넓은. 큰.
[430] [qāmat] 신장. 키.

بود، دستور داد فوراً جوان را نزد او بیاورد.

پهلوان، سوار بر اسب بسوی جوان تاخت. وقتی به او رسید، گفت:

((ای جوان! زود خود را آماده کن تا تو را به خدمت افراسیاب شاه توران زمین ببرم. پادشاه دستور داده است فوراً نزد او بروی.))

جوان که از لحن تند و بی ادبانه ی پهلوان تورانی، ناراحت شده بود، گفت:

((اگر پادشاه شما با من کاری دارد، بهتر است خود به اینجا بیاید.))

پهلوان با شنیدن این سخن، بر آشفت[431] و دست به شمشیر بُرد تا او را به اطاعت وا دارد[432]. جوان با دیدن این منظره، به سرعت تنهٔ درخت بزرگی را که در دست داشت به طرف او پرتاب کرد، پهلوان تورانی با دیدن قدرت باور نکردنی جوان پا به فرار گذاشت.

افراسیاب که از دور شاهد ماجرا بود، بسیار ناراحت شد و به وزیر خود، پیران، گفت:

((باید درس خوبی[433] به این جوان گستاخ بدهیم[434] و او را ادب نماییم تا دیگر، به پهلوانان توران زمین بی احترامی نکند.))

---

[431] بر آشفتن [bar āshoftan] آشفتن 의 강조형. 화를 내다.
[432] [vā dāshtan] 세우다. ...하게 하다.
[433] [dars-e khubi] 좋은 교훈. 여기서는 버릇을 고쳐로 해석됨.
[434] [gostākh dādan] 훈련시키다. 익숙하게 만들다. 여기서는 훈련이 되다.

پیران که وزیری کاردان^{435} و زیرک^{436} بود، در پاسخ گفت:

((ای امیر! گمان می کنم چنین جوان قدرتمند و شجاعی می تواند برای ما بسیار مفید باشد.))

افراسیاب سخن پیران را پذیرفت و از او خواست که خود، جوان را نزد او بیاورد. پیران خود را به جوان رساند و با احترام و ادب سلام کرد و گفت:

((آفرین بر تو ای جوان! به راستی که درس خوبی به آن سرباز گستاخ دادی. پادشاه ما، این عمل شجاعانه ی تو را تحسین می کند و از تو می خواهد نزد او بروی.))

جوان که لحن مؤدبانه ی پیران را دید، درخواست او را پذیرفت و نزد افراسیاب رفت.

افراسیاب با دیدن جوان خوشحال شد و با احترام برخورد کرد. سپس دستور داد لباس زیبایی برای او آماده کرده، با هدایای بسیار از او پذیرایی کنند.

سپس رو به جوان کرد و گفت:

((ای جوان نیرومند! نامت چیست و در اینجا چه می کنی؟))

جوان با لبخند گفت:

---

[435] [kārdān] 능숙한. 숙련된. 경험있는.
[436] [zirak] 영리한. 총명한.

((نام من برزو است و در این دشت، کشاورزی مشغولم.))

افراسیاب با مهربانی گفت:

((مدّتی است به دنبال امیری شجاع و لایق[437] برای جانشینی خود و ادارهٔ سپاه این سرزمین پهناور می گردم، تقدیر[438] چنین بود که جوان نیرومندی چون تو را یافتم. آیا حاضری فرماندهی سپاه مرا به عهده بگیری؟))

برزو که از شنیدن این پیشنهاد خوشحال شده بود، گفت:

((ای امیر! من فرمان شما را اطاعت خواهم کرد. دوست دارم که در کنار شما، چون سربازی فداکار شمشیر بزنم[439].))

افراسیاب با لحنی مهربان و صمیمی گفت:

((آفرین بر تو ای پهلوان! اکنون باید به یادگیری فنون رزم و جنگ آوری بپردازی و با شیوه های نبرد در میدانهای بزرگ آشنا شوی.))

برزو در زمان کوتاهی تمام فنون رزم آوری و جنگ را نزد استادان فرا گرفت[440] و پهلوانی دلیر شد. سرانجام افراسیاب سپاهی عظیم به فرماندهی او، به پیکار با ایرانیان فرستاد. برزو وارد سرزمین ایران شد و همه ی پهلوانانی

---

[437] [lāyeq] 능력있는.
[438] [taqdir] 운명.
[439] 여기서는 싸우다로 해석됨.
[440] [farā gereftan] 배우다. 익히다. 얻다.

را که در مرز ایران بودند، در جنگ شکست داد. خبر حمله ی سپاه توران به کیخسرو، پادشاه ایران، رسید. او بلافاصله طوس و فریبرز[441]، دو تن از پهلوانان ایران را به همراه لشکری عظیم به جنگ برزو فرستاد.

هر دو سپاه ایران و توران در مقابل هم صف آرایی کردند. برزو رو به لشکر ایران کرد و با غرور گفت:

((آیا در میان شما، کسی هست که در سر خیال نبرد با من را داشته باشد.))

طوس و فریبرز از گستاخی برزو به خشم آمدند و به او حمله کردند. ضربات گرز و شمشیر این دو پهلوان، بر بدن برزو اثر نمی کرد، تا اینکه در یک فرصت مناسب، برزو گرز هر دوی آنها را گرفت و آنها را به زمین افکند. سپس دستهایشان را بست و به اسیری لشکر توران فرستاد. خبر شکست سپاه ایران و اسیر شدن دو پهلوان ایرانی، کیخسرو را بسیار نگران و ناراحت کرد. چاره ای ندید جز اینکه به سراغ پهلوان پهلوانان برود و از رستم دستان[442] کمک بگیرد. پس پیکی[443] را برای آگاهی رستم، به زابلستان فرستاد. تهمتن[444] پس از رسیدن پیک و خواندن پیام[445] کیخسرو، با چند تن از یاران

---

[441] [fariborz] 인명
[442] 로스탐의 아버지 زال 의 다른 이름. [dastān] 인명
[443] یک پیک [peik] 사자(使者)
[444] [tahamtan] 로스탐의 다른 이름

و همراهان خود، عازم میدان نبرد شد.

هنگامیکه رستم به سپاه ایران رسید، هوا تاریک شده بود. او از تاریکی هوا استفاده کرد و به همراه یکی از امیران سپاه ایران، مخفیانه[446] به لشکر توران نزدیک شد و بعد از کشتن چند نگهبان، خود را به چادر اسیران ایرانی رساند و دو پهلوان ایرانی، طوس و فریبرز، را آزاد کرد و با خود به اردوگاه ایران آورد. خبر فرار کردن دو پهلوان اسیر ایرانی به دست رستم، به برزو رسید. خشمگین و عصبانی، سوار بر اسب شد و به سمت سپاه ایران تاخت. با صدای بلند فریاد کشید:

((این رستم کیست که همچون گراز[447]، شبانه می تازد و روز، خود را مخفی می کند.))

سخن برزو تهمتن را خشمگین کرد. به سرعت سوار رخش[448] شد و همچون باد به سوی برزو شتافت و با خشم فریاد کشید:

((رستم دستان من هستم. آری، من رستم زال، پهلوان پهلوانان هستم که اکنون

---

[445] [payām] 서신.
[446] [makhfiyāne] 몰래. 살그머니.
[447] [gorāz] 숫돼지
[448] 로스탐의 말 이름. [rakhsh]

جواب گزافه گویی⁴⁴⁹ های تو را با شمشیر خواهم داد.))

برزو از پاسخ رستم، برآشفت⁴⁵⁰ و با نیزه خود به او حمله کرد. رستم نیز با شمشیر بر او تاخت و نبرد دو پهلوان آغاز شد. زمان زیادی گذشت و آندو، هم چنان مشغول پیکار⁴⁵¹ بودند. هر دو از این نبرد بدون سرانجام خسته شده بودند، تا اینکه در یک لحظه، اسب رستم به گودالی⁴⁵² افتاد و او تعادل⁴⁵³ خود را از دست داد. برزو فرصت را غنیمت شمرد⁴⁵⁴ و گرز خود را بلند کرد و محکم بر سر رستم کوبید. رستم به سرعت سپر⁴⁵⁵ خود را مقابل آن گرفت، سپر شکست و گرز به کتف⁴⁵⁶ رستم خورد. جهان در مقابل دیدگان تهمتن تیره و تار شد.

رستم که از درد به خود می پیچید به برزو گفت:

((ای جوان! اکنون دیگر وقت تنگ است و هر دوی ما خسته شده ایم، بهتر است ادامه ی نبرد را برای فردا بگذازیم.))

---

⁴⁴⁹ گزاف گویی = [gezāfe guyi] 허풍. 호언장담.
⁴⁵⁰ آشفتن = 화가 나다.
⁴⁵¹ [peikār] 전쟁. 싸움. 전투
⁴⁵² یک گودال = [godāl] 지대가 낮은 곳. 저지(低地).
⁴⁵³ [ta'ādol] 균형.
⁴⁵⁴ [ghanimat shomordan] 이용하다.
⁴⁵⁵ [separ] 방패.
⁴⁵⁶ [ketf] 어깨.

برزو هم که خسته شده بود، پیشنهاد رستم را پذیرفت و هر دو پهلوان، دست از جنگ کشیدند و به سپاه خود بازگشتند.

رستم از اینکه توانسته بود، جان سالم بدر ببرد خوشحال بود. نزد کیخسرو رفت و ماجرا را برای او تعریف کرد. او با دیدن کتف شکسته رستم بسیار ناراحت شد و گفت:

((نمی دانم، چگونه می توانیم این جوان دلیر را شکست بدهیم؟))

در این هنگام خبر رسید فرامرز[457]، فرزند رستم، با لشگری تازه نفس در آن نزدیکی اتراق کرده[458] است. کیخسرو و رستم از شنیدن این خبر خوشحال شدند. فرامرز به دیدار پدرش، رستم، آمد. رستم از شجاعت و دلیری برزو برای او گفت و از او خواست تا فردا بجای او، عازم میدان نبرد شود و با برزو بجنگد.

فردای آن روز، فرامرز زره[459] ی رستم را بر تن کرد و در حالیکه نقابی به چهره داشت، سوار بر رخش به سوی میدان حرکت کرد. برزو با دیدن این پهلوان غریبه، که چهره ی خود را با نقاب پوشیده بود، تعجب کرد و گفت:

---

[457] [farāmarz] 인명.
[458] [otrāq kardan] 잠시 머물다. 야영하다.
[459] [zere] 갑옷. 갑옷투구.

((آیا تو رستم هستی؟ چرا به صورت خود، نقاب زده ای؟))

فرامرز پاسخ داد:

((به نقابم صورتم کاری نداشته باش و از آن نپرس. شاید از نبرد با من هراس داری و می خواهی بهانه جویی کنی.))

برزو که مشکوک[460] شده بود گفت:

((برای من مهم نیست که تو کیستی؟ هر کسی که باشی، شکست تو در جنگ با من حتمی است.))

فرامرز با غرور گفت:

((دیروز در آخرین لحظه تو بر من گرز گرفتی و حالا نوبت من است تا با گرز، بر تو بتازم.))

سپس گرز خود را بلند کرد و در هوا چرخاند و بر کمر برزو زد. برزو از اسب به زمین افتاد.

فرامرز بلافاصله کمند[461] خود را باز کرد و دستان او را بست و او را به اردوی ایرانیان آورد. لشکر توران که از شکست فرمانده ی خود ناراحت شده بودند، به سمت سپاه ایران حمله کردند، ایرانیان که از پیروزی فرامرز

---

[460] [mashkuk] 의심스러운.
[461] [kamand] 올가미.

خوشحال و با روحیه⁴⁶² بودند، عده ی زیادی از لشکر توران را در جنگ کشتند. فرامرز، برزو را نزد کیخسرو آورد. کیخسرو که از دست برزو ناراحت و عصبانی بود، دستور داد تا او را بکشند. رستم که شجاعت و دلیری برزو را به خوبی به یاد داشت، از پادشاه درخواست کرد که او را ببخشد. کیخسرو درخواست رستم را قبول کرد و برزو را به رستم بخشید. رستم نیز از فرامرز خواست تا او را به زابلستان ببرد و از او نگهداری کند.

از طرف دیگر، خبر شکست سپاه توران زمین و دستگیر شدن برزو به آن سرزمین رسید. مادر برزو که نگران پسرش بود، برای یافتن او، رهسپار⁴⁶³ ایران زمین شد. پس از جستجوی فراوان، محل زندانی شدن فرزندش را پیدا کرد. با کاروانی را راهی زابلستان شد، هنگامیکه به شهر زابل رسید، بسیار خسته و گرسنه بود. برای خرید غذا و تهیه پول، به سراغ زرگری رفت تا مقداری از جواهرات خود را به او بفروشد. جواهر فروش که پریشان حالی و ناراحتی پیر زن را دید، از او خواست که علت این نگرانی را برایش بگوید. مادر برزو شرح حال خود را برای او گفت. جواهر فروش با خوشحالی به پیر زن گفت:

---

⁴⁶² [ruhiye] 사기(士氣)
⁴⁶³ [rahsepār] 나아가는. شدن... 떠나다. 출발하다.

((ای مادر مهربان! ناراحت نباش، چرا که فرزند تو، زنده است و در ارگ[464] زابل زندانی شده است، حالا از تو می خواهم که به خانه ی من بیایی و خستگی راه را از خود دور کنی.))

پیر زن به خانه ی جواهر فروش رفت. جواهر فروش به مادر برزو گفت:

((کنیزکی که نزد برزو خدمت می کند، به خانه ی ما رفت و آمد[465] دارد. حال[466] این کنیزک را به نزد تو خواهم آورد.))

پیر زن با دیدن کنیزک، از او خواست که نشانی هایی از زندانی[467] جوان برایش بازگو کند. او نیز مشخصات[468] جوان را به پیرزن گفت و او مطمئن شد که این زندانی فرزند خودش، برزو، است. مادر برزو که قصد داشت پسرش را فراری دهد، از کنیزک خواست که به او کمک کند. دختر نیز که در این مدت به برزو علاقه مند شده بود، قبول کرد.

مادر برزو یک سوهان[469] و یک کمند و یک گوهر نشان دار[470]، به دختر داد تا نزد پسرش ببرد. وقتی کنیزک برای بردن غذای برزو وارد زندان شد،

---

[464] [arg] (성곽안에 있는 작은)성.
[465] [rat-o āmad] 왕래.
[466] 여기서는 당장.
[467] [zendāni] 죄수.
[468] [moshakhkhasāt] 특성.
[469] [suhān] 끌.
[470] [gouhar neshāndār] (누구 것인지 알 수 있는) 보석

شرح دیدارش با پیرزن را برای او گفت. برزو با دیدن انگشتری مادرش، حرف او را پذیرفت و به او اعتماد کرد[471].

دختر با عجله بندهای برزو را باز کرد و هر دو باهم از ارگ گریختند. مادر برزو با چند اسب آماده، در بیرون ارگ منتظر آنها بود. با دیدن فرزندش برزو، غرق[472] شادی و سرور شد[473] و خداوند را بخاطر نعمت[474] بزرگ دیدار فرزند، شکرگذاری[475] کرد.

هر سه به سمت توران زمین حرکت کردند، تمام روز را با اسب تاختند تا اینکه به نزدیکی تپه ای رسیدند. ناگهان سپاهی عظیم از دور نمایان شد. آنها، رستم و لشکریان او بودند که به سوی زابلستان حرکت می کردند. رستم از دور، آن سه نفر را بر روی تپه دید. هر سه از اسب پیاده شده و پشت تخته سنگی[476] پنهان شدند. رستم یکی از پهلوانان خود را فرستاد تا آنها را نزد او بیاورد. پهلوان خود را به روی تپه رساند.

برزو هنگامی که دید سوار به سوی آنان می آید از جا بلند شد و با صدای بلند

---

[471] [e'temād kardan] 신뢰하다. 믿다. 신임하다.
[472] [gharq] …에 빠진.
[473] [sorur shodan] 즐거워하다. 기뻐하다.
[474] [ne'mat] 은총. 은혜.
[475] [shokrgozāri] 신에 대한 감사. 감사의 기도.
[476] یک تخته سنگ [takhte sang] 절벽. 암벽.

رو به سوار^{477} کرد^{478} و گفت:

((تو کیستی و از ما چه می خواهی؟))

سوار گفت:

((تو با این دو زن، در اینجا چه می کنی؟ باید با من نزد رستم بیایی.))

برزو جواب داد:

((رستم، قدرت جنگیدن با من را ندارد.))

و با گفتن این سخن، شمشیر خود را از نیام^{479} برکشید^{480} و سوار را کشت.

رستم که از دور این صحنه را نظاره می کرد به سرعت خود را به آنجا رساند. در نگاه اول^{481} برزو را شناخت. با خشم گفت:

((تقدیر^{482} چنین است که تو در مبارزه با من کشته شوی. پس خود را آماده نبرد کن.))

برزو نیز آماده ی پیکار شد.

دو پهلوان برای دومین بار، رو در روی هم^{483} قرار گرفتند^{484}. نبرد سختی

---

^{477} [savār] 말에 탄 사람. 기수. 기마.
^{478} رو به ... کردن
^{479} [niyām] 칼집.
^{480} [bar keshidan] 꺼내다.
^{481} 여기서는 첫 번째 눈길로, 즉, 보자마자.
^{482} [taqdir] 운명. 운명예정설.
^{483} [ruye ham] 모두. 함께. 다.

آغاز شد و هر دو با شجاعت و دلیری تمام می جنگیدند. ناگهان رستم از یک فرصت مناسب استفاده کرد و برزو را به زمین انداخت و بر روی سینه او نشست. بلافاصله خنجرش را در آورد تا سر او را از بدنش جدا کند، ناگهان مادر برزو فریاد کشید:

((ای رستم دستان! بس است. آیا پدرش را کشتی، کافی نبود؟ اکنون می خواهی فرزندش را بکشی.))

رستم از این سخن تعجب کرد، رو به پیرزن کرد و گفت:

((منظور[485] تو از این سخنان چیست؟))

پیرزن پاسخ داد:

((بدان که این جوان، فرزند سهراب است. آری، او نوه ی توست.))

رستم شرمگین شد، خاطره ی مرگ فرزندش سهراب بار دیگر در مقابل چشمانش زنده شد، غمگین و ناراحت خنجر را به گوشه ای انداخت و شروع به گریستن کرد. پیرزن گوهر نشان دار رستم را که هنگام تولد برزو، از سهراب گرفته بود، به او نشان داد. رستم با دیدن بازوبند[486] خودش، به یاد

---

[484] [qarār gereftan] 자리하다. 자리잡다.
[485] [manjur] 의도. 목적.
[486] [bāzuband] 팔목에 묶는 띠.

سهراب افتاد. نوه ی خویش، برزو، را در آغوش گرفت و نوازش کرد، سپس رو به آسمان کرد و از اینکه دستهایش به خون برزو آلوده نشده بود، خداوند بزرگ را سپاس گفت[487].

---

[487] [sepās goftan] 감사함을 말로 표현하다. 감사하다.

제8과
자허크와 대장장이 커베

ضحاک و کاوه ی آهنگر

مرداس[488] حاکم سرزمین دشت سواران[489] بود، و بر آن سرزمین سبز و خرم[490] فرمانروایی می کرد. او حاکمی عادل و مهرمان بود و مردم در روزگارش به خوبی و خوشی زندگی می کردند، اما پسر او که ضحاک نام داشت، جوانی بداخلاق و زشت خو[491] بود، او با مردم بدرفتاری می کرد و با آنها با غرور سخن می گفت خود را بر تر و بالاتر از دیگران می دانست و همه را مسخره می کرد[492]. کم کم در اثر این رفتارهای زشت و ناپسند، شیطان[493] هم نشین[494] او شد و آداب و رسوم بد و غیرانسانی را به او می

---

[488] [merdās] 자허크의 아버지 이름.
[489] [daht-e savārān] 지명.
[490] [sab-o khoram] 푸르고 풍성한.
[491] زشت خوی = [zesht khu(y)] 성미가 고약한. 성격이 나쁜.
[492] [maskhare namudan] 조롱하다. 업신여기다.
[493] [sheitān] 악마.
[494] ..하에 주도되다. 마음대로 좌지우지하다. 조종하다.

آموخت و او را در انجام کارهای زشت راهنمایی می کرد. روزی، شیطان خود را به شکل شبحی[495] در آورد و به نزد ضحاک آمد و آرام در گوش او زمزمه کرد[496]:

((ای ضحاک! ای جوان باهوش و پرتوان! بدان که پدر تو مرداس پیر و از کار افتاده است[497] و دیگر نمی تواند حکومت کند. او توانش کم و ذهنش کند شده است و حکومت را بر باد خواهد داد[498]. آگاه باش که تو برای پادشاهی از پدرت شایسته تر[499]ی، پس سعی کن او را از بین برداری و خود را جانشین[500] او کنی.))

ضحاک در فکر فرو رفت، صدای شیطان دایم در گوش او زمزمه می کرد و او را برای کشتن پدرش ((مرداس)) و جانشینی او، تحریک می نمود[501]. ضحاک پس از چند روز سردرگمی[502]، سرانجام تسلیم وسوسه[503] های

---

[495] یک شبح [yek shabah] 유령.
[496] [zemzeme kardan] 속삭이다.
[497] [az kār oftādan] 일에서 손을 떼다.
[498] بر باد دادن 다 써버리다. 낭비하다. 흩뿌리다.
[499] شایسته ای [shāyeste] = (تو) 훌륭한. 가치있는.
[500] [jāneshin] 후계자. 후임자.
[501] [tahrik namudan] 음모를 꾸미다.
[502] [sar dar gomi] 이해를 못해 쩔쩔맴. 복잡하고 당혹스러운 마음.
[503] [vasvase] 유혹. 부추김.

شیطان شد⁵⁰⁴ و تصمیم خود را گرفت. بدستور او، همراهان و سربازانش، چاه عمیقی بر سر راه پدرش حفر کردند⁵⁰⁵ و نیزهٔ⁵⁰⁶ زهر آلود⁵⁰⁷ی را در آن قرار دادند و روی آنرا با شاخ و برگ درختان پوشاندند. فردای آنروز هنگامیکه ((مرداس)) از کاخ بیرون رفت، با اسبش بداخل چاه افتاد و نیزهٔ زهرآگین⁵⁰⁸ سینهٔ او را شکافت. بدین ترتیب ضحاک ستمگر به پادشاهی ((دشت سواران)) رسید و جانشین مرداس شد.

روزی شیطان به شکل مرد جوانی نزد ضحاک آمد و خود را آشپز ماهری معرفی کرد و از ضحاک خواست که اجازه دهد تا در آشپزخانهٔ کاخ مشغول کار شود، ضحاک پیشنهاد او را پذیرفت و ادارهٔ امور آشپزخانه را به او سپرد. از آن پس او با پختن غذاهای شیطانی خوشمزه شکم ضحاک را پر می کرد و او را از خلق⁵⁰⁹ و خوی انسانی دور می ساخت و اخلاق شیطانی را به او می آموخت.

پس از گذشت مدَت زمانی، شیطان که همیشه قصد فریب ضحاک را داشت،

---

⁵⁰⁴ [taslim-e… shodan] …에게 지다. … 에게 항복하다.
⁵⁰⁵ [hafr kardan] 파다. 굴착하다.
⁵⁰⁶ [neize] 창. 작살. 투창.
⁵⁰⁷ [zahr ālud] 독이 묻은. 독으로 얼룩진.
⁵⁰⁸ [zahr āgin] 독이 있는. 독을 뿜어내는.
⁵⁰⁹ [kholq] 성질. 기질. 성격.

اینبار نیز با نیرنگ[510] جدیدی به نزد او آمد و گفت :

((ای پادشاه بزرگ! من آشپز شما هستم، اکنون چند ماهی است که در کاخ مشغول کارم. شما در این مدّت از غذاهایی که من پخته ام، خورده اید و بسیار راضی بوده اید، اکنون می خواهم از اینجا بروم و به شهر خودم بازگردم، ولیکن بجای دستمزد[511] و پاداش خود، از شما تقاضایی دارم.))

ضحاک گفت :

((تو آشپز خوب و ماهری هستی و من غذاهای تو را دوست دارم، اکنون هر تقاضایی را که داشته باشی، می پذیرم.))

آشپز گفت :

((از شما می خواهم که اجازه دهید تا شانه هایتان[512] را ببوسم.))

ضحاک پذیرفت و آشپز شانه های او را بوسید و در جا ناپدید شد. به محض[513] ناپدید شدن شیطان دو مار بزرگ و وحشتناک بر روی شانه های ضحاک رویید و همه را به وحشت انداخت، بدستور ضحاک آنها را از روی شانه هایش بریدند. اما با کشته شدن آندو، به سان شاخه های درخت روی شانه

---

[510] [neirang] 계략. 책략.
[511] [dastmozd] 대가. 보상. 수당.
[512] 당신의 어깨. شانه های شما
[513] ...하자마자.

های او رویید. دو مار دیگر، روی شانه های ضحاک نمایان می شد. برای مداوا[514]ی ضحاک و از بین بردن مارها، بدنبال پزشکان ماهر فرستادند و همهٔ طبیبان با تجربهٔ آن سرزمین را در کاخ جمع کردند، ولی هیچیک از آنها نتوانستند بیماری ضحاک را معالجه کنند. سرانجام شیطان به شکل پزشکی ماهر نزد او آمد و گفت:

((ای پادشاه بزرگ! من می دانم که برای مداوای شما و از بین رفتن مارها، پزشکان قبلی، هیچکاری نتوانستند انجام دهند، اما من امروز به شما دوایی خواهم داد تا اثر کند و شما را مداوا نماید.))

ضحاک که بی صبرانه منتظر شنیدن چنین سخنانی بود، گفت :

((من فکر می کنم که تو از همهٔ پزشکان دیگر، بهتر باشی هر دوایی را بگویی، خواهم خورد و هر کاری را که بگویی انجام خواهم داد تا از دست این مارها خلاص شوم.))

پزشک گفت :

((پادشاها[515]! شما باید هر روز، دو جوان را بکُشی و مغز سر آندو را به این مارها بدهی تا بخورند.))

---

[514] [modāvā] 치료.
[515] پادشاه + ا

از آن پس بدستور ضحاک هر روز دو جوان را می کشتند و مغز سر آنها را به مارها می دادند تا او آرام بگیرد.

از طرف دیگر در همان روزگار که ضحاک در سرزمین ((دشت سواران)) حکومت می کرد، جمشید پادشاه ایران زمین بود، جمشید که در ابتدا مردی عادل و دادگر بود و با مردم به خوبی و مهربانی رفتار می کرد، کم کم دچار غرور و خود پسندی شد و روش[516] زندگی خود را تغییر داد و به پادشاهی ظالم و ستمگر تبدیل شد. او با دوستان خود نامهربان و با زیردستان خود بدرفتاری می کرد، مردم را انسان هایی نادان و جاهل و خود را مردی دانشمند و فرزانه[517] می پنداشت و آنان را به زور، به اطاعت از خود وامی داشت[518]. مردم ایران زمین که از دست ظلم و ستم جمشید خسته شده بودند و از طرفی آوازهٔ[519] ضحاک را نیز شنیده بودند، به سراغ ضحاک رفتند و از او خواستند که به یاری آنها بیاید و آنان را از دست جمشید نجات دهد. پس به سپاهیان او پیوستند و به جنگ جمشید آمدند، سپاهیان ضحاک و جمشید در

---

[516] [ravesh] 방법. 과정. 방침.
[517] [farzāne] 현명한 (자). 학문이 있는 (자).
[518] [vā dāshtan] 세우다. 임명하다.
[519] [āvāze] 명성.

مقابل هم صف آرایی کردند[520] و به نبرد[521] پرداختند، سرانجام جمشید شکست خورد و همهٔ سپاهیان او از بین رفتند، و زندگی این پادشاه ظالم و ستمگر ایرانی به پایان رسید و ضحاک به پادشاهی ایران زمین رسید. مردم ایران که گمان می کردند، ضحاک پادشاه خوبی است، با از بین رفتن جمشید، حکومت او را پذیرفتند، و تسلیم او شدند. ضحاک همینکه به پادشاهی ایران رسید، به راه و روش گذشتهٔ خود ادامه داد و به آزار و اذیت مردم پرداخت و اسیر وسوسه های شیطانی شد. به فرمان او هر روز دو جوان ایرانی را می کشتند و مغز[522] سر آنها را برای مارها می آوردند، ظلم و ستم ضحاک بالا گرفت و زندگی را بر مردم ایران زمین سخت کرد، جوانان زیادی از خانوادهٔ خود جدا شده و در کاخ ضحاک به کام[523] مرگ رفتند و پدران و مادران بسیاری در مرگ فرزندان خود، سوگوار شدند[524]. در این هنگام دو تن از ایرانیان که از کشته شدن جوانان این سرزمین بدست ضحاک اهریمن خو[525] ناراحت بودند به فکر چاره افتادند و با زیرکی[526] کشیدند. آنها خود را به

---

[520] [ārāyi kardan] 배열하다.
[521] [nabard] 전투. 격투.
[522] [maghz] 뇌.
[523] [kām] 목적. 달성. به کام ...رسیدن ....목적을 달성하다.
[524] [sugvār shodan] 슬픔에 잠기게 되다. 슬퍼하다.
[525] [ahriman khu] (조로아스터의 악마인) 아흐리만 같은.
[526] [ziraki] 영리함. 총명. 현명함.

عنوان آشپز معرفی کردند و به آشپزخانهٔ کاخ ضحاک راه یافتند. آنها هر روز مغز سر یک جوان ایرانی را با مغز سر یک گوسفند به مارها می دادند و بدین ترتیب هر روز یک جوان از مرگ حتمی[527] نجات می یافت.

روزی از روزها هنگامیکه ضحاک ستمگر بر روی تخت پادشاهی خود نشسته بود، و با مشاوران و وزیران خود مشغول مشورت و گفتگو بود، ناگهان صدایی را از بیرون کاخ شنید، مرد آهنگری، با مشت به در کاخ می کوبید و با خشم ضحاک را صدا می زد. بدستور ضحاک مرد آهنگر را بداخل کاخ آوردند، ضحاک با دیدن مرد آهنگر که اندامی ورزیده و دستانی نیرومند داشت، پرسید :

((ای مرد! بگو چه می خواهی و اینجا چه می کنی؟))

مرد با صدایی بلند گفت :

((ای ضحاک ستمگر! من کاوهٔ آهنگر[528] هستم، شغل من آهنگریست و خود نیز مانند آهن محکم و قوی هستم، از مرگ نمی ترسم و از تو نیز ترس ندارم، پسرم در زندان تو اسیر است، و قرار است که او را بکشند و مغز سر او را خوراک مارها کنند، آمده ام تا او را از چنگ تو نجات بدهم.))

---

[527] [hatmi] 확실한.
[528] [āhan gar] 대장장이.

ضحاک که گویی⁵²⁹ از هیبت⁵³⁰ و صدای کاوه، ترسیده بود به آرامی گفت :

((ای کاوۀ آهنگر! نگران نباش، فرزند تو را آزاد خواهم کرد.))

بدین ترتیب بدستور ضحاک، پسر آهنگر را از زندان آزاد کردند.

یکی از کارهای شیطانی ضحاک، این بود، که برای اینکه خود را از ننگ⁵³¹ ظلم و ستم نجات دهد⁵³² و خود را پادشاه عادل و دادگر معرفی کند، تمام بزرگان و دانشمندان قوم را جمع کرده و از آنها بر پاکی و بی گناهی و عدل و داد خود تعهد گرفته⁵³³ بود. همۀ آنها بر یک لوح⁵³⁴ پوستی نوشته و به مهر خود امضا کرده بودند که ضحاک انسانی پاک و خوب و پادشاهی عادل⁵³⁵ و دادگر⁵³⁶ است. هنگامیکه ضحاک پسر کاوه را آزاد کرد، رو به او کرد گفت :

((ای کاوۀ آهنگر! من پسر تو را از مرگ نجات دادم، حال از تو می خواهم که این لوح پوستی را امضا کنی و تو نیز به پاکی و عدالت من شهادت دهی⁵³⁷.))

کاوه لوح پوستی را گرفت و با عصبانیت و خشم آنرا پاره کرد و گفت :

---

[529] [guyi] 마치. 처럼. 같이.
[530] [heibat] 두려움. 공포. 무서운 존재.
[531] [nang] 불명예. 치욕. 경멸.
[532] [nejāt dadan] 벗어나다.
[533] [az ...ta'ahhod gereftan] ...에게 책임을 지우다. ...로부터 강제로 복종을 받아내다.
[534] [louh] 판. 묘비.
[535] ['ādel] 공정한. 정의의.
[536] [dādgar] 정의의. 공정한.
[537] [shahādat dādan] 입증하다. 증언하다.

((بخدا سوگند[538] که تو ناپاک ترین و پلیدترین[539] انسان هستی، و من هرگز این لوح را امضا نخواهم کرد.))

او به همراه فرزندش از کاخ بیرون آمدند و به میان مردم رفتند، مردم که همیشه از ضحاک وحشت داشتند با دیدن کاوه و پسرش، جان دو باره ای گرفتند و کم کم جرقه[540] های امید به زندگی در چشمانشان درخشیدن گرفت. آنها تصمیم گرفتند که به مبارزه برخیزند و ضحاک ستمگر را از بین ببرند. کاوه پیشاپیش مردم حرکت می کرد و مردم بدنبال او می رفتند تا اینکه به میدان بزرگ شهر رسیدند، در این هنگام کاوه به وسط میدان رفت و با صدای بلند فریاد زد :

((ای مردم ایران زمین از مرگ نترسید و بدانید که خداوند با ماست و به یاری مظلومان[541] و ستمدیدگان خواهد آمد بدانید که دوران ظلم و تباهی[542] تمام شده است و باید ضحاک را از بین ببریم و او را از این سرزمین پاک بیرون کنیم...))

---

[538] [sogand] 맹세. 선서. 선언.
[539] [palid] 더러운. 불결한, 가장 더러운(최상급).
[540] [jaraqqe/jereqqe] 불꽃.
[541] مظلوم + ان [mazlumān] 억압받는자.
[542] [tabāhi] 타락. 파괴. 멸망. 파멸.

کاوه لباس چرمی آهنگری خود را از تنش درآورد و به سرنیزه^{543} زد و از آن پرچمی ساخت و مردم را به جنگ با ضحاک دعوت کرد، مردم نیز حرفهای او را پذیرفتند و به او گرویدند^{544} و به همراه کاوه به سراغ یکی از پهلوانان دلیر ایرانی بنام فریدون^{545} رفتند و از او خواستند که آنها را یاری دهد، ضحاک سالها قبل پدر فریدون را کشته بود، و فریدون همیشه بدنبال فرصتی بود تا انتقام^{546} خون پدرش را از ضحاک ستمگر بگیرد. بدین ترتیب مردم شهر به فرماندهی فریدون آمادهٔ نبرد شدند و به جنگ ضحاک رفتند.

سرانجام روز نبرد فرا رسید^{547}، لشکریان فریدون و سپاهیان ضحاک در مقابل هم صف آرایی نمودند. فریدون و سپاهیانش به سمت کاخ حمله ور^{548} شدند و لشکریان ضحاک را شکست داده، ضحاک را دستگیر کردند. فریدون ابتدا تصمیم داشت که ضحاک را بکشد، اما برای اینکه عبرتی^{549} برای همگان شود او را در دامنهٔ کوه البرز^{550} زندانی کرد. و بدین ترتیب ضحاک

---

^{543} [sar neize] 총검. 총칼.
^{544} [geravidan] 신봉하다. 따르다. 믿다. 어근은 گرو.
^{545} [fereidun] 자허크를 죽이고 이란 왕이 됨.
^{546} [enteqām] 복수. 앙갚음.
^{547} [farā residan] 때가 되다. …시기에 이르다.
^{548} [hamleva] 공격하는.
^{549} عبرت + ی ['ebrat-i] 교훈. 경고. 모범. 선례.
^{550} [alborz] 산맥이름.

ستمگر به زندان افتاد و دوران پادشاهی فریدون آغاز شد.

제9과
이 라 즈

ایرج

فریدون پادشاه سرزمین ایران بود که با کوشش کاوهٔ آهنگر و کمک مردم پس از ضحاک به پادشاهی رسید. او پس از رسیدن به حکومت، دو بار ازدواج کرد، همسر اولش ((آرنواز))[551] بود که از او دو پسر بنام های ((سلم)) و ((تور)) شد و همسر دومش ((شهرناز))[552] بود که او نیز پسری بنام ((ایراج)) شد. سلم[553] که پسر بزرگتر بود از پدرش فریدون، دوراندیشی و سخت کوششی را به ارث برده بود[554] و پسر دومش، تور، که بر و بالایی بلند داشت[555] در بی باکی[556] و شجاعت شبیه فریدون بود و ایراج که از همه

---

[551] [arnavāz] 인명.
[552] [shahrnāz] 인명.
[553] [salm] 인명.
[554] [be ers bordan] 상속으로 받다.
[555] 큰 키를 가지고 있다.
[556] [bi bāki] 대담무쌍. 불굴.

کوچکتر بود، نشانه هایی از سرشت⁵⁵⁷ پاک و نیک اندیشی جدّش⁵⁵⁸ ((آبتین)) و دلاوری و رشادت⁵⁵⁹ پدرش فریدون را در خود داشت، با اینکه جنگجویی⁵⁶⁰ شجاع دل و بی نظیر بود، اما در پیکار با زشتیها بهترین شمشیر را محبت می دانست⁵⁶¹. ایرج بسیار مهربان و صمیمی بود و اخلاق بسیار نیکویی داشت، همیشه خنده بر لب داشت با پدر و برادران بزرگش با احترام رفتار می کرد و آنها را مورد مهر⁵⁶² و محبت خود قرار می داد⁵⁶³، با اطرافیان و دوستانش مهربان بود و صبر و بردباری⁵⁶⁴ را در سختیها پیشۀ⁵⁶⁵ خود ساخته بود. فریدون گرچه⁵⁶⁶ سعی می کرد که همیشه به فرزندانش به طور یکسان علاقه نشان دهد ولی در قلبش، عشق بسیاری زیادی نسبت به چهره ی مهربان و دوست داشتنی ایرج داشت و او را بسیار عزیز می شمرد. چند سال گذشت، پسران فریدون نزد او به یاد گرفتن فنون رزم

---

⁵⁵⁷ [seresht] 성질. 성격.
⁵⁵⁸ [jaddesh] 그의 조상. جد + ش...
⁵⁵⁹ [rashādat] 용기. 용맹. 용감.
⁵⁶⁰ [jangju] ...전사.
⁵⁶¹ 가장 처참한 전쟁에서 가장 좋은 해결 방안은 사랑이라는 것을 알고 있었다.
⁵⁶² [mehr] 사랑. 애정.
⁵⁶³ [qarār dādan] ...중이다.
⁵⁶⁴ [bordbāri] 인내. 견딤. 참음.
⁵⁶⁵ [pishe] 천직. 여기서는 자신의 천성.
⁵⁶⁶ چه اگر 의 축약형. 비록 ...일지라도.

جنگ آوری پرداختند و پهلوانانی دلیر و شجاع و برومند[567] شدند و سرانجام زمان ازدواجشان[568] فرا رسید.

فریدون، پیکی نزد پادشاه یمن[569] فرستاد و سه دختر او را برای پسرانش خواستگاری کرد. پادشاه یمن چون چون علاقه ی بسیاری به دخترانش داشت و دوری آنها را نمی توانست تحمل کند، ابتدا قبول نکرد، اما سرانجام تسلیم خواسته ی فریدون شد، و دختران خود را به همسری پسران او درآورد و به ایران فرستاد. دختر بزرگش را به ((سلم)) داد و دختر دومش همسر ((تور)) شد و دختر سومش که ((ماه آفرید)) نام داشت به همسری ایرج درآمد. مراسم جشن و سرود عروسی برگزار شد و آنها زندگی مشترک خود را در کنار یکدیگر آغاز کردند. پس از گذشت چند سالی، کم کم موهای فریدون سفید شد و روزگار پیری او فرا رسید، فریدون که می دانست با سن زیاد خود و توان کم جسمی و روحی، دیگر نمی تواند به اداره[570] ی کشور بپردازد تصمیم گرفت که از پادشاهی کناره بگیرد[571] و سرزمین هایش را بین فرزندانش تقسیم کند.

---

[567] [ba(o)rumand] 힘이 센. 강한. 건장한.
[568] ازدواج آنها
[569] [yaman] 예멘.
[570] [edāre] 다룸. 운영. 여기서는 통치.
[571] [kenāre gereftan] 은퇴하다. 그만두다.

او سرزمین روم را به ((سلم)) پسر بزرگش داد و سرزمین چین و توران را به ((تور)) دومین پسرش داد و ایران را به خدمت ایرج درآورد.

فریدون چون ایرج را از پسران دیگرش بیشتر دوست داشت و نمی توانست دوری او را تحمل کند، سرزمین ایران را به او داد، تا همیشه در کنارش باشد.

چند صباحی[572] به همین ترتیب گذشت، و سلم و تور که احساس می کردند پدرشان ایراج را بیشتر دوست داشته و منطقه خوش آب و هوای ایران را به او داده است، کم کم احساس حسادت و کینه شدیدی نسبت به ایرج پیدا کردند و به فکر چاره افتادند تا حکومت ایران را از دست ایرج بگیرند. سلم که تحمل و صبر کمتری داشت با شتاب از سرزمین روم براه افتاد و به سرزمین توران نزد ((تور)) رفت تا با او مشورت کند. تور که از آمدن برادرش سلم آگاه شده بود، برای استقبال از او به بیرون شهر رفت و آندو شب را باهم در چادری در بیرون شهر گذرانده و به مشورت و چاره جویی[573] پرداختند[574].

سلم رو به تور کرد و گفت:

((ای برادر! بدان که من نمی توانم ایرج را تحمل کنم و فرمانروایی او بر

---

[572] [chand sabāhi] 며칠.
[573] [charejui] 치유책을 찾기.
[574] [be...pardākhtan] ...하기 시작하다. ...착수하다.

ایران برای من بسیار سنگین[575] است. پدرمان فریدون اشتباه کرده است و دچار گمراهی[576] و خطا[577] شده[578] است. او سرزمین ایران و مناطق خوش آب و هوا را به ایرج داده و ما را به جاهای دور و بی آب و علف تبعید کرده[579] است.))

تور گفت:

((ای سلم! من نیز با تو موافقم، شیرین زبانی[580] ها و چرب زبانی[581] های ایرج، سرانجام کار خودش را کرد و مهر او را به دل پدرمان انداخت و ما را کنار زد[582]، تا وقتی که ایرج در کنار پدرمان است وضع ما از این بهتر نخواهد شد، باید کاری بکنیم.))

سلم پاسخ داد:

((باید با سپاهیان خود به ایران حمله کنیم و کار او را یکسره نماییم[583].))

تور نیز پذیرفت و هر دو پیمان شدند[584] که ایرج را از بین ببرند و حکومت

---

[575] 도저히 참을 수 없다.
[576] [gomrāh] 정도에 벗어난.
[577] [khatā] 실수. 잘못.
[578] [dochār …shodan] 직면하다. 마주치다.
[579] [tab'id kardan] 추방하다.
[580] 달콤한 말. 상냥한 말.
[581] [charb zabāni] 아첨하는 말. 감언.
[582] [kenār zadan] 제쳐 놓다.
[583] [yeksare namudan] 일방적으로 행하다. 전격적으로 하다.

ایران را از او بگیرند. فردای آن روز با سپاهیان انبوه خود به سمت ایران زمین حرکت کردند.

خبر حمله ی لشکریان سلم و تور به گوش فریدون رسید، او که از قبل، از حسادت و دشمنی پسرانش نسبت به ایرج آگاهی داشت، با شنیدن این خبر خشمگین شد و ایرج را به نزد خود فرا خواند تا با او صحبت کند. ایرج با همان چهره ی مهربان و لبخند همیشگی به نزد فریدون آمد و پرسید:

((پدرجان! چه شده است که شما را اینگونه می بینم؟))

فریدون گفت:

((ای فرزند مهربانم! بخدا سوگند[585] که در تمام جهان، چون تو فرزندی مهربان و نیکو سرشت[586] ندیده ام، و هیچ کس را به اندازه تو دوست ندارم، بدان که برادرانت قصد کشتن تو را دارند و برای از بین بردن تو به ایران لشکر کشی کردند[587] ، آنها حرمت[588] برادری را از یاد بردند و حسادت و کینه چشمهایشان را کور کرده است. سلم و تور فرزندانم هستند و من آنها را

---

[584] [peimān shodan] 협상하다.
[585] [sougand] 맹세. 선서. 서약.
[586] [niku seresht] 좋은 성격. 좋은 성질. 좋은 성향.
[587] [rashkar keshi kardan] 원정하다. 동원하다.
[588] [hormat] 경의. 경배.

بزرگ کرده و بخوبی می شناسم، ایرج! آنان جز به کشتن تو رضایت نخواهند داد، حال⁵⁸⁹ از تو می خواهم که با سپاهیانت به دشت بروی و در آنجا اردو بزنی و با آنها نبرد کنی.))

ایرج با لبخند پاسخ داد:

((پدر جان، نیازی به جنگ و خونریزی نیست، من برادرانم را بسیار دوست دارم و هرگز به روی آنها شمشیر نخواهم کشید و با آنها دشمنی نخواهم کرد، اکنون، با چند تن از دوستان و همراهان خود به استقبال آنان می روم و با دوستی و مهربانی با آنان صحبت خواهم کرد.))

فریدون که نگران زندگی ایرج بود، گفت:

((ای فرزندم! من به صداقت⁵⁹⁰ و پاکی تو ایمان دارم⁵⁹¹، اما برادرانت تاج و تخت تو را می خواهند، آنها جان تو را خواهند گرفت تا به مقصود خود برسند.))

ایرج پاسخ داد:

((پدرجان! نگران نباش. من نیز چشم طمع به تاج و تخت ندارم، و خودم تاج

---

⁵⁸⁹ [hāl] 당장.
⁵⁹⁰ [sedāqat] 진실. 정직.
⁵⁹¹ [imān dāshtan] 믿음이 있다. 믿다.

پادشاهی را به آنان خواهم داد. من آندو را دوست دارم و نمی خواهم که بخاطر قدرت و پادشاهی، اختلاف و کدورتی⁵⁹² بین ما وجود داشته باشد. فریدون با آن که نگران جان ایرج بود، رای⁵⁹³ او را پذیرفت و ایرج به همراه چند تن از دوستان و همراهان خود به اردوگاه سپاهیان سلم و تور رفت. سلم و تور که خبر آمدن ایرج را به اردوگاه خود شنیدند، در حالیکه قلبشان از کینه و حسادت و دشمنی نسبت به ایرج پر بود، با خنده ای دروغگین به استقبال ایرج رفتند. ایرج که با دیدن آنها خوشحال شده بود، صادقانه⁵⁹⁴ آنان را در آغوش کشید⁵⁹⁵ و بوسید و به آنها احترام بسیار گذاشت، او با دست خود، تاج پادشاهی را بر سر برادر بزرگش سلم گذاشت و حکومت ایران زمین را به برادرانش بخشید تا کینه آنان را نسبت به خود از بین ببرد. سلم و تور از ایرج خواستند که چند روزی نزد آنان میهمان باشد و در اردوگاه آنها بماند، ایرج نیز با مهربانی پذرفت و از میهمانوازی⁵⁹⁶ برادرانش قدردانی کرد⁵⁹⁷.

سپاهیان سلم و تور که جوانمردی⁵⁹⁸ و گذشت⁵⁹⁹ ایرج را دیدند، مهر او را

---

⁵⁹² [kodurat] 분개. 불투명. 분노.
⁵⁹³ [ra'y] 판단. 의견.
⁵⁹⁴ [sādeqāne] 진지한. 성실한. 정직한.
⁵⁹⁵ [dar āghush keshidan] 가슴으로 안다. 부둥켜 안다.
⁵⁹⁶ مهمانوازی = مهمان نوازی 손님을 극진하게 대접함.
⁵⁹⁷ [qadrdāni kardan] 감사히 여기다. 감사하다.
⁵⁹⁸ [javānmardi] 남자다움. 관대함.

در دل گرفته و به او علاقه مند شدند و در دل گفتگوی با یکدیگر به این همه مردانگی و گذشت آفرین گفته،[600] او را تحسین کردند[601].

یک شب سلم که از روحیه[602] سپاهیان با خبر شده بود به چادر تور رفت و چنین گفت :

((برادر! بدان که سپاهیان ما ایرج را دوست دارند و مهر او را در دل خود گرفته اند. نزدیک است که به او بپیوندند و ما را تنها بگذارند. باید چاره ای اندیشید و فکری کرد، درست است که ایرج پادشاهی ایران زمین را به ما بخشید، ولی وجود او برای ما خطرناک است، و این مهربانی و گذشت او به زیان[603] ما خواهد بود.))

((آری برادر! من نیز این موضوع را بخوبی می دانم، اخلاق خوش و سرشت نیکوی ایرج همه سربازان ما را شگفت[604] کرده است. اگر ایرج چند روز دیگر در اینجا بماند همه را به سمت خود می کشاند[605] و ما تنها خواهیم ماند.

---

[599] [gozasht] 관용. 관대함.
[600] [āfarin goftan] 잘했다고 말하다.
[601] [tahsin kardan] 칭찬하다. 감탄하다. 박수를 보내다.
[602] [ruhiye] 사기(士氣). 심적상태.
[603] [ziyān] 손해. 재해.
[604] [shegeft zade] 놀라운.
[605] کشیدن 의 사역동사.

باید درس خوبی به او بدهیم و او را به سزا⁶⁰⁶ی اعمالش⁶⁰⁷ برسانیم⁶⁰⁸.))

سلم گفت:

((بهتر است امشب به خیمه⁶⁰⁹ ی او برویم و کار او را یکسره نماییم و برای همیشه از دست او خلاص شویم.))

هر دو پذیرفتند و پیمان بستند که ایرج را بکشند، شمشیرهای خود را برداشتند و خود را به خیمه ی ایرج رسانیدند و داخل خیمه ی او شدند. ایرج با شنیدن صدای آنان از خواب برخاست و با تعجب پرسید:

((برادران مهربانم! چه شده است که به خیمه ی من آمده اید.))

سلم با خنده ی بلندی گفت:

((ایرج بدان که ما دیگر فریب چرب زبانی های تو را نخواهیم خورد⁶¹⁰. اکنون برای کشتن تو آمده ایم.))

تور گفت:

((ما قصد داریم که جان تو را بگیریم و برای همیشه از دست تو رهایی یابیم.))

---

⁶⁰⁶ [sezā] 보상. 대가
⁶⁰⁷ اعمال + ش... =[a'māl] 의 복수형. عمل
⁶⁰⁸ [a'māl rasāndan] 그의 행위에 대한 ....치루게 하다.
⁶⁰⁹ [kheime] 천막. 막사.
⁶¹⁰ [farib khordan]속다.

ایرج با مهربانی گفت:

((برادران! بخدا سوگند که من شما را دوست دارم و اصلاً از مرگ نمی ترسم، من هرگز به روی شما شمشیر نخواهم کشید و از خود دفاع نخواهم کرد.))

هنوز سخن ایرج پایان نیافته بود که سلم شمشیر خود را بلند کرد و پهلوی او را شکافت[611]. ایرج غرقه در خون[612] به زمین افتاد و درحالیکه هنوز لبخندی از مهربانی بر لب داشت، چشمهایش را بست و برای همیشه جان به جان آفرین تسلیم کرد[613].

---

[611] [shekāftan] 찢다. 여기서는 베다. 찌르다.
[612] [gharqe dar khun] 피에 물든.
[613] [jān be jān āfarin taslim kardan] 죽다. 사라지다

제10과
훼레이둔

فريدون[614]

در یکی از کشتزارهای سرسبز و خرّم ایران زمین، زن و مرد جوانی در کنار یکدیگر به خوبی و خوشی زندگی می کردند، مرد که ((آبتین))[615] نام داشت، به کشاورزی و باغداری مشغول بود و نام همسر مهربانش ((فرانک))[616] بود. پس از مدتی خداوند آنها را صاحب پسری کرد که نام او را ((فریدون)) گذاشتند. با تولد ((فریدون)) زندگی آنها رنگ دیگری به خود گرفت. در این زمان، ((ضحاک))[617] پادشاه ظالم و ستمگر ((دشت سواران))[618] با کشتن پدر خود ((مرداس))[619] به پادشاهی رسیده بود. او که همیشه دچار

---

[614] [fereidun] 인명.
[615] [ābtin] 인명.
[616] [farānak] 인명.
[617] [zahāk] 인명.
[618] [dasht savārān] 지명.
[619] [mardās] 인명.

وسوسه⁶²⁰ های شیطان می شد و با او همدم⁶²¹ و هم نشین⁶²² بود، یک شب خواب بسیار بدی دید⁶²³، با پریشان⁶²⁴ حالی و درماندگی⁶²⁵ از خواب پرید و همهٔ خوابگزاران⁶²⁶ و مشاوران خود را بیدار کرد و به آنها گفت :

((گوش کنید، امشب کابوس وحشتناکی دیده ام، شما باید این خواب را تعبیر کنید⁶²⁷، بدانید که زندگی و مرگ شما بستگی به تعبیر این خواب خواهد داشت.))

همهٔ خوابگزاران که از ترس رنگ از رخسارشان⁶²⁸ پریده بود به صف ایستادند. ضحاک با صدای بلند فریاد زد:

((من امشب در خواب دیدم⁶²⁹ که، جنگجو⁶³⁰ی ورزیده⁶³¹ و قوی هیکل⁶³² با گرز⁶³³ آهنی بسیار سنگین در دست، به طرف من می آید. همینکه⁶³⁴

---

⁶²⁰ [vasvase] 부추김. 유혹.
⁶²¹ [hamdam] 아주 친한 친구. 동료.
⁶²² [hamneshin] 한패. 한짝.
⁶²³ 어느 날 밤, 매우 나쁜 꿈을 꾸었다.
⁶²⁴ [parishān] 당황하는. 고민하는.
⁶²⁵ [darmāndegi] 비참함. 무력함.
⁶²⁶ [khābgozārān] 몽술가. 해몽가.
⁶²⁷ [ta'bir kardan] 설명하다. 해석하다.
⁶²⁸ [rokhsāreshān] 그들의 얼굴.
⁶²⁹ خواب دیدن 꿈을 꾸다.
⁶³⁰ [jangju] 전사. 호전적인. 용감한.
⁶³¹ [varzide] 노련한. 능숙한. 우수한.
⁶³² [qavi heikal] 힘이 있는 체격. 우람한 체격.
⁶³³ [gorz] 곤봉. 끝에 갈고리가 있는 창.
⁶³⁴ …하자마자.

نزدیک من رسید، با گرزش ضربهٔ محکمی[635] به من زد، مرا اسیر کرد و تا کوه دماوند کشان کشان برد حالا بگویید این مرد کیست تعبیر این خواب چیست؟))[636]

همه خوابگزاران[637] ساکت شدند و هیچ کس جرأت نداشت تا تعبیر خواب ضحاک را بگوید، ضحاک با صدای بلند فریاد می زد و آنان را تهدید می کرد[638] که اگر خواب او را تعبیر نکنند، حتما آنها را خواهد کشت. سرانجام، یکی از خوابگزاران که از همه عاقل تر بود، رو به او کرد و گفت :

((ای پادشاه! می دانید که عاقبت کار همهٔ ما[639] مرگ است و از مرگ گریزی[640] نیست.))

ضحاک با خشم فریاد زد :

((من پادشاه بزرگ جهانیان هستم، و با مرگ کاری ندارم. تعبیر خواب من چیست؟))

خوابگزار پاسخ داد :

---

[635] [zarb-e mohkami] 힘있는 휘두름. 강한 타격.
[636] [ta'bir-e in khāb] 이 꿈의 해몽.
[637] [khābgozārān] 꿈으로 미래를 점치는 사람(복수형).
[638] [tahdid kardan] 위협하다. 협박하다. 경고하다.
[639] 우리 모두의 결말.
[640] [gorizi] 도망가는. 피하는.

((آن مرد جنگجویی که شما در خواب دیده اید "فریدون" پسر "آبتین" است که پدرش بدست شما کشته خواهد شد و او روزی به جنگ شما می آید و انتقام پدرش را از شما خواهد گرفت.))

ضحاک که از خشم می پیچید[641]، فریاد زد :

((بروید و به دنبال آبتین و پسرش فریدون بگردید و آن دو را بکشید.))

پس از آن، سواران ضحاک به دنبال فریدون و آبتین راهی سرزمین ایران شدند. آنها شهر به شهر و دشت به دشت را به دنبال آبتین گشتند، تا اینکه به نزدیکی مزرعه و کشتزارهای او رسیدند.

آبتین که در مزرعه مشغول کشاورزی بود[642]، از دور غبار[643] سوارانی را دید که به طرف او می آیند. سربازان ضحاک به او رسیدند و در اطرافش حلقه زدند[644]، فرماندۀ آنان رو به او کرد و گفت :

((ای مرد! بگو نامت چیست؟))

آبتین که از قصد و نیّت آنها بی خبر بود، با صداقت[645] تمام گفت :

---

[641] 화가 잔뜩 오르다
[642] 밭에서 일을 하고 있는 중이었다.
[643] [ghobār] 먼지.
[644] [halqe zadan] 여기서는 반지처럼 둥글게 에워싸다.
[645] [sedāqat] 정직. 진솔.

((نام من آبتین است.))

سواران ضحاک او را دستگیر کردند و به نزد ضحاک بردند، به فرمان ضحاک او را کشتند و مغز سرش را خوراک مارها کردند. ضحاک از کشتن آبتین خوشحال شد، اما هنوز نگران زنده ماندن "فریدون" بود، او به سربازانش فرمان داد تا[646] به دنبال فریدون بروند و او را نیز از بین ببرند.

از طرف دیگر، همسر آبتین، "فرانک" که زن دوراندیش و زیرکی بود، و می دانست که اگر در خانه بماند، دیر یا زود[647] سواران به سراغ پسرش می آیند و او را پیدا خواهند کرد، به همین دلیل خانه و مزرعه را رها کرد و به همراه فریدون به کوه و بیابان پناه برد[648]، فرانک سه روز و سه شب به همراه بچۀ کوچکش در کوه و بیابان سرگردان بود، تا اینکه سرانجام به دشت بزرگی رسید، هنگامیکه وارد آن دشت سرسبز و خرم شد، چشمش به گاو مادّه بسیار زیبایی افتاد، از نوک پستان هایش شیر می ریخت، در دشت مشغول چرا بود. فرانک با دیدن آن گاو حیرت انگیز[649] و زیبا خوشحال شد و کم کم امید به زندگی، در جانش بیشتر شد، در این هنگام دشتبان آن دشت که

---

[646] ...하도록.
[647] [dir yā zud] 멀지 않아. 조만간.
[648] [panāh bordan] 은신처를 찾다.
[649] [heirat angiz] 놀라운. 난처한. 당황한.

مردی مهربان بود، با دیدن آن دو به نزدشان آمد و پرسید :

((شما که هستید و برای چه به اینجا آمده اید؟))

فرانک پاسخ داد :

((ای مرد! من فرانک همسر آبتین هستم که بدست ضحاک ستمگر کشته شد و این پسرم فریدون است، اکنون سربازان ضحاک به دنبال فریدون هستند تا او را مانند آبتین از بین ببرند، از تو می خواهم که به ما کمک کنی و فریدون را نجات دهی.))

مرد مهربان پذیرفت و فریدون را در آغوش گرفت و به خانه خود برد تا از او محافظت[650] و نگهبانی[651] کند، فرانک نیز خوشحال از اینکه فریدون نجات یافته آنجا را ترک کرد و به خانه خود باز گشت. هنگامیکه سربازان به خانه آبتین آمدند، هر چه گشتند فریدون را نیافتند و از آن پس نیز مدتی به جستجوی بی حاصل[652] خود برای یافتن فریدون ادامه دادند، اما او را نیافتند، در این مدت مرد دشتبان فریدون را از شیر آن گاو پرورش می داد تا اینکه آوازهٔ[653]

---

[650] [mohāfezat] 보호. 수호.
[651] [negahbāni] 보호. 관리. 감시.
[652] [bihāsel] 효과없는.
[653] [āvāze] 목소리. 명성.

مادّهٔ گاو شیرده⁶⁵⁴ که شیر مدام⁶⁵⁵ از نوک پستانهایش⁶⁵⁶ می ریخت به گوش ضحاک رسید، ضحاک تصمیم گرفت که آن گاو مادّهٔ شگفت انگیز را به دست آورد، پس سربازان خود را به آن دشت فرستاد. فرانک که احساس خطر می کرد و می دانست که اگر سربازان ضحاک برای بردن گاو به آن دشت سرسبز و خرم بروند، حتما فریدون را خواهند یافت و او را خواهند کشت، یک بار دیگر برای نجات فریدون خانه را ترک کرد و خود را به دشتبان رسانید، فریدون را که اکنون سه ساله شده بود، از او گرفت و دوباره سرگردان دشت و بیابان شد، چند روزی در صحرا⁶⁵⁷ سرگردان بود، تا اینکه به کوه بلندی رسید. در بالای کوه پیر مردی پرهیزگار⁶⁵⁸ و پاکیزه زندگی می کرد، او سالها بود که شهر را ترک کرده بود و در آنجا زندگی سالم و بدون سر و صدایی را می گذراند و به عبادت⁶⁵⁹ خداوند مشغول بود. پیرمرد با دیدن آندو پرسید :

((شما که⁶⁶⁰ هستید و برای چه به اینجا آمده اید؟))

---

⁶⁵⁴ [shirde] 젖을 짜는. 젖이 나는.
⁶⁵⁵ [modām] 계속해서. 끊임없이.
⁶⁵⁶ [nok-e pestānhāyesh] 그 (소)의 젖꼭지.
⁶⁵⁷ [sahrā] 황야.
⁶⁵⁸ [parhizgār] 고결한. 절제력이있는.
⁶⁵⁹ ['ebādat] 신에 복종하는.
⁶⁶⁰ 의문사. کی =

فرانک پاسخ داد :

((ای پیر مرد فرزانه[661]! از تو می خواهم که به ما کمک کنی و پسرم فریدون را از دست سواران ظالم ضحاک نجات دهی، آنها قصد دارند که پسرم فریدون را بگیرند و او را بکشند.))

پیر مرد با مهربانی لبخندی زد و گفت :

((دخترم! نگران نباش. بدان که تو و پسرت در امان خواهید بود. من به شما پناه خواهم داد و از شما محافظت و نگهبانی خواهم کرد، بدان که همیشه خداوند به ستمدیدگان[662] و مظلومان[663] کمک خواهد کرد و به آنها یاری خواهد رساند.))

و بدین ترتیب، پیر مرد به فرانک و فریدون پناه داد و آنها را تحت سرپرستی[664] خود گرفت و آندو زندگی جدیدی را آنجا آغاز نمودند. روزها و سالها از پی هم گذشت و فریدون بزرگ و بزرگ تر شد تا به سن جوانی رسید، او فنون[665] رزم[666] و جنگ آوری[667] را نزد پیرمرد فرا گرفت[668] و

---

[661] [farzāne] 현명한. 현자.
[662] [setamdidegān] 억압받는 자들. ستمدیده 의 복수형.
[663] [mazlumān] 억압받는 자들. مظلم 의 복수형.
[664] [sarparasti] 보호. 관리인의 지위(임무).
[665] [fonun] 기술. 기법. 전술. فن 의 복수형.
[666] [razm] 전쟁. 전투.
[667] [jangāvani] 전쟁술. 호전술.

جنگجویی⁶⁶⁹ شجاع و مبارزی⁶⁷⁰ دلیر و بی باک⁶⁷¹ شد، نزد مادرش فرانک نیز مهر و محبت را آموخت و انسانی مردم دوست و مهربان و صمیمی شد.

روزی فریدون به نزد مادرش آمد و از او پرسید :

((ای مادر مهربان! من از زمانی که چشم گشوده ام در کنار شما بوده ام و شما را دیده ام، اما نمی دانم پدرم کیست و کجاست؟ از شما می خواهم که نام او را به من بگویید، آیا می توانم پدرم را ببینم؟))

فرانک با مهربانی پاسخ داد :

((فرزندم، پدر تو آبتین است. او انسانی پاک و ساده بود که بدست ضحاک ظالم کشته شد، آری، پسرم، بدان که قاتل⁶⁷² پدر تو ضحاک است.))

فریدون از آن پس کینۀ ضحاک را به دل گرفت و همیشه منتظر فرصت مناسبی بود تا به جنگ او برود و انتقام خون پدرش "آبتین" را از او بگیرد.

از طرف دیگر، هنگامیکه مردم ایران زمین به فرماندهی⁶⁷³ کاوۀ آهنگر⁶⁷⁴

---

⁶⁶⁸ 배우다. 습득하다.
⁶⁶⁹ [jangju] 전사. 호전적인. 용감한.
⁶⁷⁰ [mobārez] 전사. 투사.
⁶⁷¹ [bi bāk] 용감무쌍한.
⁶⁷² [qātel] 살인자.
⁶⁷³ [farmādehi] 지휘.
⁶⁷⁴ 대장장이 커베

بر ضد ضحاک قیام کردند⁶⁷⁵ و آمادهٔ جنگ با او شدند به سراغ فریدون آمدند و از او خواستند که فرماندهی آنان را در این نبرد بر عهده بگیرد، فریدون نیز درخواست آنان را پذیرفت و به تعلیم و آموزش فنون جنگی و آموزشهای رزم به آنان پرداخت و مردم را برای جنگیدن با سربازان ضحاک آماده کرد، سرانجام سپاه فریدون حرکت کرد و پس از طی مسافت⁶⁷⁶ طولانی به نزدیکی رودخانهٔ عظیم و خروشانی⁶⁷⁷ رسید برای رسیدن به کاخ ضحاک و جنگیدن با او، فریدون و سربازانش باید از رودخانه عبور می کردند. رودخانه بزرگ و عظیم و امواج⁶⁷⁸ آن بسیار خروشان و توفنده⁶⁷⁹ بود. فریدون به سراغ قایقرانانی⁶⁸⁰ که در کنار رودخانه بودند رفت و از آنها خواست که او و لشکریانش را به آنسوی رود ببرند، ولی قایقرانان که از طرف ضحاک به مرگ تهدید شده⁶⁸¹ بودند، فرمان او را نپذیرفتند. فریدون و سپاهیانش حیران⁶⁸² و سردر گم⁶⁸³ در این طرف رودخانه قدم می زدند و در این فکر

---

⁶⁷⁵ [qiyām kardanj] 봉기하다, 반란을 일으키다
⁶⁷⁶ [masāfat] 거리, 간격
⁶⁷⁷ [khorushān] 으르렁거리는, 아우성치는, 외치는
⁶⁷⁸ [amvāj] 파도, موج 의 복수형
⁶⁷⁹ [tufande] 고함치는, 포효하는
⁶⁸⁰ [qāyeqrān] 뱃사공
⁶⁸¹ [tahdid shodan] 위협받다.
⁶⁸² [heirān] 당황한, 놀란
⁶⁸³ [sar dar gom] 당혹스러운, 곤혹스러운

بودند که چگونه می توانند خود را به آن سوی "اروند رود"[684] برسانند، فریدون که در پیشاپیش سپاه ایستاده بود، فریاد زد:

((ای سربازان من! به یاری خداوند بزرگ قدم در راه می گذاریم و از موجهای رود، نمی ترسیم. خداوند به ما کمک و یاری خواهد کرد.))

فریدون سوار بر اسب خود را به آب زد و وارد رودخانه شد و از آن گذر کرد، سربازان او نیز که با دیدن شجاعت او، جان تازه ای گرفته بودند، یکی پس از دیگری وارد آب رودخانه شدند و از آن عبور کردند و خود را به آن طرف رودخانه رساندند.

سرانجام سپاهیان فریدون و ضحاک در مقابل هم صف آرایی کردند، فریدون به سربازانش فرمان حمله داد. آنها نیز به سمت لشکر ضحاک حمله ور شدند، و آنها را یکی پس از دیگری بر زمین انداختند. بدین ترتیب سپاهیان ضحاک شکست خوردند و قلعه سقوط کرد. ضحاک که می دانست سپاهیان او شکست خورده اند، با نیرنگ از قلعه خارج شد و خود را در جایی مخفی کرد. شب هنگام، وارد قلعه شد و خود را به اتاقی رساند که فریدون در آن خوابیده بود، داخل اتاق شد و به سمت فریدون رفت تا او را بکشد، اما فریدون با هوشیاری

---

[684] 아르반드강(江)

لحظه ای زودتر از جا برخاست و گرز سنگین و آهنی خود را به دست گرفت و ضربهٔ محکمی به ضحاک زد، ضحاک بیهوش نقش[685] بر زمین شد. فریدون او را در کوه البرز زندانی کرد و خود به پادشاهی مردم ایران زمین رسید، بدین ترتیب با آمدن فریدون، مردم سرزمین ایران او را به پادشاهی پذیرفتند و زندگی جدیدی را آغاز نمودند.

---

[685] [bihush naqsh] 무의식상태로. 기절한듯이.

한글번역

제1과
씨여바쉬

어느 날 이란 군대의 지휘관인 투스, 기브 그리고 구다르즈 세 사람은 사냥을 하기 위해 투런 국경선 가까이로 갔다. 넓은 광야에서 투런 땅을 도망쳐 나와 이란을 향해 오고 있던 한 아가씨와 마주치게 되었다. 이란 지휘관들은 그녀를 향해 서둘러 갔다. 그리고는 도망을 친 자초지종을 그녀에게 물었다.

투런인 아가씨는 말했다:

"제 아버지는 아프러씨엽의 친척으로 투런 지역을 지배하고 있어요. 어젯밤 집에 돌아가자, 저를 장검으로 죽이라고 결정되었답니다. 그런데 네 하녀 중 하나가 절 도와 주어 밤 사이 이란으로 도망쳤습니다. 자 이제 용사들이여! 당신들은 저를 도와 주셔야 합니다. 왜냐하면 저의 아버지는 몇 몇 신하들과 제 뒤를 좇아 오고 있으니까요."

이란 지휘관들은 그녀의 사정을 듣자 매우 안쓰러워하며 그녀를 돕기로 결정했다. 그리하여 자신들과 함께 그녀를 케이커부쓰에게 데리고 갔다. 케이커부쓰는 투런 아가씨의 상황을 듣고 나서 그녀와 결혼하겠다고 결심했다.

케이커부쓰의 또 다른 아내인 쑤더베는 시기심이 많은 여자였다. 처음부터 그녀에 대해 적대감을 가지고 매사에 못살게 굴며 괴롭히기를 멈추지 않았다.

일 년이 지났다. 투런 아가씨는 잘 생기고 건강한 사내 아이를 낳았다.

아들이 태어나자 매우 기쁜 케이커부쓰는 씨여바쉬라고 이름을 지었다. 그러나 쑤더베는 씨여바쉬가 태어나자 더욱 기분이 나빠 나날이 전 보다 더 씨여바쉬와 그의 엄마를 증오했다. 총명하고 모습이 출중한 어린 아이 씨여바쉬는 나날이 성장해 갔다. 케이커부쓰는 씨여바쉬에 대한 아내의 증오를 알고 있었다. 그래서 아들의 목숨을 걱정했다. 바로 그런 이유로, 영웅 로스탐을 저볼레스턴에서 불러 들였다. 그리고 그에게 해결방안을 찾았다. 로스탐은 답했다:

"만일 허락하신다면 제가 씨여바쉬를 저볼레스턴으로 데려 가겠습니다. 제 아들처럼 용감하고 훌륭한 용사가 되도록 보살피겠습니다."

로스탐의 젊은 혈기와 올 곧음을 확신하고 있는 케이커부쓰는 그의 제안에 찬성했다. 그리하여, 어린 씨여바쉬는 ('절'[686]의) 로스탐과 함께 저볼레스턴을 향해 나섰다.

* * *

시간이 흘러, 로스탐의 씨여바쉬에 대한 사랑과 관심은 나날이 더해졌다. 마치 자기 자식처럼 소중히 여겼다. 로스탐과 함께 저볼레스턴에 온 지 수년이 흘렀다. 씨여바쉬는 청년의 나이가 되었다. 로스탐은 이 세월 동안 씨여바쉬에게 장검 다르기, 활 쏘기, 말 타기와 몸싸움하는 기술을 모두 훈련시켰고, 용사의 법과 도리를 가르쳐 주었다. 이제 매우 훌륭한 용장 중의 용장이 되었다.

어느 날 씨여바쉬는 로스탐에게 와서 말했다:

"유명한 용장이시여! 그대를 매우 좋아하고, 그대 없이는 견디기 힘들지만 그대에게 많은 것을 배운 지금, 제가 무엇을 배웠는지를 알려 주기 위해 제 아버지, 케이커부쓰왕에게 가는 것을 허락해 주시오."

---

[686] 로스탐의 아버지 이름.

로스탐은 씨여바쉬와 떨어지는 것 때문에 큰 슬픔에 빠졌지만 아버지, 케이커부쓰에게 돌아가도록 허락했다. 이리하여 젊은 용사, 씨여바쉬는 헤어진 지 수년이 지나 그의 아버지에게 돌아갔다.

케이커부쓰는 자식의 귀가를 몹시 기뻐했다. 그리고 아들을 따뜻하게 맞았다. 씨여바쉬가 돌아오자 쑤더베의 증오의 불은 다시 타오르기 시작했다. 젊은 용사를 결코 보고 싶지 않았던 그녀는 씨여바쉬를 비방하는 말을 하여 씨여바쉬에 대한 케이커부쓰의 생각을 조금씩 조금씩 바꾸게 하여, 결국은 자식을 나쁘게 보게 만들었다. 증오심에 찬 쑤더베는, 한편으로는 아버지의 비난의 대상이 되도록 하고, 다른 한편으로는 씨여바쉬의 생활을 어렵게 했다. 그가 아버지 곁에 있는 것을 싫게 만들었다.

* * *

어느 날 케이커부쓰는 이란을 공격했던 적이 있는 아프러씨엽의 형제, 갸르씨바즈의 명령으로 아프러씨엽의 군사가 발크라는 도시를 점령했다는 소식을 듣게 되었다. 소식을 듣고 매우 화가 난 왕은 많은 군사를 데리고 공격받은 발크로 가서 (적을) 물리치기로 마음먹었다.

그의 아버지가 잘못 알고 있다고 생각한 씨여바쉬는 만일 아버지가 이란군을 지휘한다면 틀림없이 패배할 것을 알고 있었다. 그리고, (자신이)투런인과 전쟁을 하면 이란에서 내쫓을 수도 있고, 왕궁에서 지내는 것이 매우 힘들었던 아버지의 궁전을 벗어날 수 있는 기회로 적당하다고 보았다.

그리하여 씨여바쉬는 아버지 케이커부쓰에게 가서 말했다:

"아버님! 세상에서 가장 훌륭한 용장 로스탐에게 교육을 받고 용감한 용사가 된 것을 제 스스로 잘 압니다. 저에게 이란 군대를 지휘하여 투런인들과 전쟁을 하도록 택해 주시기를 청합니다."

씨여바쉬의 용맹과 젊은 혈기를 알고 있는 케이커부쓰는 그의 제안에 찬

성하며 말했다:

"씨여바쉬야! 난 너를 투런인들과의 전쟁에 이란군 지휘관으로 보낸다. 그렇지만 넌 젊고 경험이 적으니 용장 로스탐이 버볼레스턴에서 오면 그의 곁에서 함께 하여라."

많은 군사들을 준비하는데 2주가 지났다. 왕의 명령으로 저볼레스턴에서 로스탐과 군사들이 와서 이란 군과 합쳤다. 얼마 후 다시 서로 만나게 된 로스탐과 씨여바쉬는 서로 곁에서 마치 아버지와 아들처럼 적과 싸우기 위해 가는 것이 기뻤다.

젊은 씨여바쉬의 명령으로 이란군과 용장 로스탐은 발크市 근처에 이르렀다. 투런 군의 지휘관인 갸르씨바즈는 이란군이 온다는 것을 알자, 많은 군사들을 데리고 발크市를 나와 이란군을 공격했다. 양 군사들 사이에 격렬한 싸움이 벌어졌다. 로스탐과 씨여바쉬는 매우 용감하고 용기있게 적군의 심장을 향해 돌진하여 그들을 없애 버렸다.

그러는 동안, 로스탐은 갸르씨바즈가 눈에 띠었다. 지체하지 않고 그에게 달려 들었다. 로스탐과 싸울 힘이 없었던 갸르씨바즈는 도망쳤다. 이리하여 투런군은 패배하고 발크는 이란의 소유가 되었다. 목숨을 건진 갸르씨바즈와 다른 투런군들은 아프러씨엽에게 자신들이 졌다는 소식을 알리기 위해 투런으로 도망갔다.

아프러씨엽은 형제인 갸르씨바즈의 패배를 듣고 불쾌했다. 그리고는 다시 많은 군사들을 준비하여 씨여바쉬의 군대를 공격하기로 결심했다. 그러나 젊은 씨여바쉬에게 죽은 꿈을 밤에 꾸었다. 매우 두려워진 아프러씨엽은 자신의 꿈을 해몽가들과 가까운 사람들에게 들려 주었다. 해몽가들은 말했다:

"당신은 씨여바쉬와의 전쟁에서 패 할 겁니다. 만일 씨여바쉬가 죽게 된다면, 이란인들은 그에 대한 앙갚음을 우리들에게 할 겁니다. 그리고 우리들은 결코 안정을 찾을 수 없을 겁니다."

이런 꿈을 꾸고 씨여바쉬와의 전쟁에 대한 마음을 바꾼 아프러씨엽은 그의 형제 갸르씨바즈에게 말했다:

"오 형제여! 씨여바쉬와의 전쟁에서 손을 떼고 그와 평화 협정을 맺고 싶구나. 지금 다시 많은 선물을 가지고 씨여바쉬에게 가서 우리들의 평화를 그에게 전해라."

갸르씨바즈는 혼자 장검과 창 없이 이란군을 향해 갔다. 그리고 아프러씨엽이 보낸 선물을 씨여바쉬에게 전하고, 아프러씨엽의 평화 협정을 그에게 전했다. 경험이 많고 용감한 로스탐은 말했다:

"씨여바쉬야! 아프러씨엽과 평화 협정을 맺기 전에 그에게 어떤 계략이 숨어 있지 않다는 것을 시험해 보는 것이 좋겠다. 우리에게 우선 그의 군사들 중 100명을 인질로 보내고, 두 번째로는 모든 군사들은 이란 땅에서 다 나가라고 해라. 만일 이 두 가지 조건을 받아 들인다면, 우리도 그와 평화를 지킬 것이다."

갸르씨바즈는 아프러씨엽에게 돌아갔다. 씨여바쉬와 로스탐의 조건을 그에게 다시 말했다. 또 이란 군과 대적하기를 원하지 않았던 아프러씨엽은 어쩔 수없이 받아들였다. 그리고 모든 군사들은 이란을 나와 투런 국경 쪽으로 오라고 명령했다. 그러고 난 후, 선물과 함께 100명의 군사와 더불어 갸르씨바즈를 씨여바쉬에게 보냈다. 씨여바쉬와 로스탐의 조건이 이행되자, 갸르씨바즈와 평화 협정을 맺었다. 그리고 서로 싸우지 않을 것을 맹세했다. 그 후 로스탐은 케이커부쓰에게 아프러씨엽과의 평화 협정을 알리기 위해 수도를 향해 떠났다.

* * *

아프러씨엽을 진실하게 생각하지 않는 오만한 케이커부쓰는 로스탐의 말

을 듣고 매우 화가 나 소리쳤다:

"어떻게 아프러씨엽과 평화로울 수 있단 말인가? 자네는 경험이 많은 지휘관인데, 왜 그에게 속았는가? 그의 적대감을 잊어버렸단 말인가? 자 이제 자네는 여기 그냥 있게, 자네가 갈 필요 없네. 나는 다시 전쟁의 불을 밝히도록 용사 투스를 발크로 보낼 것이다. 그리고 모두의 목을 베어 버릴 테니 인질 100명을 내게 보내라고 할 것이다."

로스탐이 아무리 애를 써도 케이커부쓰의 화는 가라앉지 않았고, 올바른 결정을 내리게 설득할 수 없었다. 케이커부쓰가 로스탐의 말을 전혀 받아들이지 않자, 로스탐은 그에게 말했다:

"케이커부쓰왕이시여, 왕께서는 투스를 씨여바쉬에게 보내 전쟁을 하도록 하려 하시니 전 곁에 남아 있지 않겠습니다. 저볼레스턴으로 돌아가겠습니다."

젊은 용장 씨여바쉬는 아버지라 부르는 로스탐이 돌아오기를 기다리고 있었다. 그러나 로스탐 대신에 한 전령이 발크로 온 것을 매우 놀라며 만났다. 전령은 예기치 않은 일이 벌어진 것을 싸여바쉬에게 설명하고 케이커부쓰의 의중을 알도록 편지를 전달했다.

케이커부쓰는 편지에 이렇게 썼다:

"씨여바쉬야! 아프러씨엽과의 협정을 무시해라. 그리고 그와 전쟁을 해라. 그들의 목을 베려고 하니 인질 100명을 내게 보내라."

씨여바쉬는 두 갈래 길에 서게 되었다. 하나는 전쟁을 하고 인질들을 죽이려는 아버지가 원하는 길이고, 다른 하나는 협정을 깨고 죄 없는 100명을 죽이는 것을 젊은 혈기로 허락하지 않는 길이었다. 투스가 발크에 닿기 전에, 감옥에 투옥된 자들을 풀어 주겠다고 마침내 결심을 했다. 그리하여 충직한 친구이며 지휘관들인 장게 셔바런과 바흐럼 두 용사를 불렀다. 그리고

자초지종을 그들에게 들려주고 말했다:

"헌신적인 친구들이여! 원한다면 내가 전쟁을 시작하는 자가 되어 내가 맺은 협정을 깨야만 하니 나의 약속은 지켜지지 않게 된다. 그리고 나의 아버지 또한 죄 없는 인질들을 지체 없이 목을 자를 것이다. 난 그들을 죽게 하는 것이 싫다. 한편 나의 아버지는 내가 전쟁의 자만심을 갖고 수도로 돌아 오라고 명을 내리셨다. 그렇지만 수도에 있는 쑤더베의 증오와 케이커부쓰왕의 비방이 나를 기다릴 것을 안다. 난 나의 운명에 대항해 아프러씨엽과 싸우지도 않고, 수도로 돌아가지도 않을 것이다."

그 때 지휘관 용사인 장게 셔바런을 향해 말했다:

"장게 셔바런! 인질들을 아프러씨엽에게 돌려 보내라. 그리고 이 모든 상황을 그에게 말해다오. 나도 군사들을 안전하게 정착시키고, 군장 투스가 도착하기 전, 이 이후로 케이커부쓰왕의 자만과 오만을 입증하는 내가 되지 않도록 다른 나라로 갈 것이다."

* * *

장게 셔바런은 인질들과 씨여바쉬의 전갈을 가지고 투런 수도를 향해 떠났다. 아프러씨엽은 씨여바쉬의 전갈을 받자, 자초지종을 알게 되었다. 매우 두려워했다. 그래서 대신인 피런과 의논을 했다. 피런은 말했다:

"씨여바쉬를 투런으로 초대하여 그를 극진히 맞는 것이 좋겠습니다. 왜냐하면 그가 우리 곁에 있으면 케이커부쓰의 화를 줄이게 되고 아들 때문에 우리와의 전쟁에서 손을 뗄 지 모릅니다. 씨여바쉬는 젊고 용감한 용사입니다. 당신의 딸, 화랑기쓰와 결혼을 시키면 그를 당신 곁에 둘 수 있을 것이고, 용감한 자식처럼 당신을 도울 겁니다. 만일 어느 날엔가 이란으로 돌아가면, 케이커부쓰 다음으로 이란 왕이 될 것이고 우리들은 더 이상 이란과 전쟁을 하지 않을 겁니다."

아프러씨엽은 피런의 말을 듣고 매우 기뻤다. 씨여바쉬를 초대하기 위하여, 한 통의 편지를 써서 씨여바쉬를 데리고 오도록 장게 셔바런에게 주었다.

씨여바쉬는 아프러씨엽의 친절로 가득한 편지를 받자, 바흐럼을 불렀다. 이와 같이 말했다:

"바흐럼! 사랑하는 친구여! 운명은 내가 인생의 초기부터 행복과 친절은 보이지 않았던 것 같다. 수도에서 용사 투스가 도착하면, 네게 군의 지휘를 맡기겠다. 그리고 나는 케이커부쓰의 바보스런 결정과 일의 증인이 되지 않도록 이 땅을 나가겠다."

투런으로 가는 것 이외에 방법이 없었던 씨여바쉬는 깊은 슬픔과 눈물을 흘리면서 투런을 향해 발크를 떠났다.

투런의 수도인 걍에 도착한 후, 아프러씨엽은 많은 군사를 이끌고 그를 맞으러 왔다. 첫 만남에서 아프러씨엽의 마음에는 씨여바쉬에 대한 애정이 싹텄다. 그는 젊은 용사를 위해 아름다운 궁전을 준비시키도록 명했다. 얼마 후, 그의 젊은 딸과 씨여바쉬의 결혼을 진행시켰고, 이리하여 씨여바쉬는 화랑기쓰와 결혼하게 되었다.

제2과
로스탐과 쏘흐럽

어느 봄날, 용사 로스탐은 사냥을 하러, 도시 밖으로 나갔다. 사냥터에서 아름다운 사슴과 마주쳤다. 그러나 사슴은 올가미로부터 도망쳤다. 용사 로스탐은 투런에 속하는 싸만건 근처까지 사슴을 뒤쫓았다. 그곳에서 사슴을 사냥하게 되었다. 그리고는 잠시 그곳에 머물기로 마음을 먹었다. 말의 고삐를 풀자 라크쉬는 푸르른 초원에서 풀을 먹기 시작했다. 세상의 영웅 로스탐은 사슴을 구운 후 불을 밝혀둔 채, 잠시 초원에 누워 잤다.

로스탐의 충성스런 말 라크쉬는, 풀을 먹느라 그로부터 멀어졌다. 싸만건 기마병 5명이 말을 타고 그곳을 지나고 있었다. 그들 중 한 사람이 라크쉬를 알아 보고 말했다:

"친구들이여! 이 말은, 용사 로스탐의 말이야. 나는 전쟁에서 이 말을 여러 번 보았는데, 주인으로부터 도망친 것이 틀림없어. 이 말을 우리가 싸만건으로 데리고 가자."

기마병들은 자신의 올가미로 라크쉬를 공격하여 든든한 줄로 묶어 자신들과 싸만건으로 끌고 갔다. 싸만건의 영주는, 자초지종을 알게 된 후, 매우 두려워했다. 그리고는 이와 같이 말했다:

"위대한 용사 로스탐은 반드시 자신의 말을 좇아 이곳으로 올 것이다. 그와 싸울 힘을 가진 자는 아무도 없다. 너희들은 이 말을 데리고 오지 않앉어야 했다. 자 이제 그 말을 잘 돌보아 로스탐에게 돌려 보내거라."

한편, 로스탐은 잠이 깨어 보니, 라크쉬가 곁에 없었다. 라크쉬를 찾았다. 그의 발자국을 따라 싸만건이란 도시에 이르렀다. 싸만건 영주는 로스탐이 도시로 왔다는 소식을 들었을 때, 많은 선물을 가지고 그를 맞으러 가서 라크쉬를 돌려 주었다.

그리고 나서 로스탐에게 잠시 손님으로 초대했다. 라크쉬를 찾아 매우 기쁜 로스탐은 싸만건 영주의 제안을 받아들이고 궁으로 갔다.

로스탐이 싸만건 영주의 궁전으로 온 지 얼마가 지난 어느 날, 싸만건의 영주의 딸인 타흐미네를 알게 되었다. 그리고는 그녀와 결혼을 하기로 결심했다. 그리하여 그는 싸만건 영주에게 가서 타흐미네를 달라고 청혼했다. 싸만건 영주는 이 결혼을 찬성했다. 그리고 말했다:

"용사여! 그대의 결혼을 아무에게도 알려서는 안되오. 이 일은 숨겨야 하네. 왜냐하면 우리들은 투런의 아프러씨엽 왕의 보호를 맡고 있네. 아프러씨엽은 이란 왕 케이커부쓰의 적으로 이란 군사들과 싸우고 있는 중이라네. 그가 내 딸이 이란 군대의 명장과 결혼했다는 소식을 알아서는 안되네."

로스탐과 타흐미네는 몰래 결혼을 한 후 얼마가 지났다. 그는 이란 왕 케이커부쓰에게 돌아가야만 했다. 로스탐은 타흐미네에게 작별인사를 하러 가 팔뚝에 묶고 있던 아름다운 구슬을 풀어 아내에게 주며 말했다:

"나의 다정한 아내여! 만일 신께서 우리에게 아름다운 딸을 주시면 이 구슬을 머리에달아 주고, 만일 아들이 태어나면 이 구슬을 아버지의 증표로 팔뚝에 묶어 주시오."

이런 말을 남기고 난 후, 라크쉬를 타고 자신이 태어난 이란을 향해 재빨리 돌아갔다.

로스탐이 떠나고 아홉 달 지나, 타흐미네는 잘 생긴 아들을 낳았다. 웃는 그의 모습대로 쏘흐럽이라 이름 지었다. 쏘흐럽이 성장함에 따라, 그의 행동과 성질은 아버지 로스탐과 너무 흡사해졌다. 그는 모든 동갑들보다 힘이 세고, 총명했다. 바로 그 어린 시절부터, 싸만건의 영주인 할아버지와 다른 용사들에게 활 쏘기와 장검 다루기를 배우기 시작했다. 그리고 매우 빨리 모든 영웅적이고 용감한 전술을 배웠다. 그리하여 그의 나이 열 살에 그와 대적할 힘을 가진 사람이 하나도 없는 상황에 이르렀다. 타흐미네는 로스탐의 요구대로 구슬을 쏘흐럽의 팔뚝에 묶어 주었다. 그러나 쏘흐럽은 아직 자신의 아버지에 대해서 아는 것이 아무것도 없었다.

어느 날, 쏘흐럽은 그의 어머니에게 물었다:

"어머니! 왜 제게 아버지에 대한 말씀은 전혀 하지 않으세요? 제 팔뚝에 있는 이 구슬은 무슨 의미예요? 왜 저는 친구들이나 동갑들보다 힘이 강해 아무도 나와 싸울 수 없는 건가요?"

더 이상 비밀을 쏘흐럽에게 숨길 수 없다고 생각한 타흐미네는 이와 같이 대답했다:

"아들아! 네 아버지는 영웅 로스탐이시다. 그리고 너는 이 세상에서 가장 훌륭한 용사의 아들이다. 그러나 아프러씨엽왕이 이런 사실을 알아서는 절대로 안된다. 왜냐면, 네 아버지는 이란군 지휘관으로 아프러씨엽과 싸우는 중이란다. 만일 아프러씨엽왕이 네가 로스탐의 아들인 것을 알게 되면, 분명히 너를 죽일 것이다."

그러나 쏘흐럽은 말했다:

"어머니! 그런 분을 아버지로 두었다고 왜 지금까지 알려 주질 않았어요? 왜 영웅 로스탐이 제 아버지라는 것을 말하지 않았어요. 전 케이커부쓰를 없애 버리겠어요. 그 대신에 아버지를 왕위에 앉히겠어요. 그리고 나서 아버지의 도움으로, 아프러씨엽왕을 없애겠어요. 왜냐하면 케이커부쓰와 아프러씨엽은, 저와 아버지를 떨어지게 한 원인이니까요."

이렇게 청년 쏘흐럽은, 케이커부쓰 군사들과 싸우게 되었다. 한편 쏘흐럽의 용맹과 용기에 관한 명성이 투런왕 아프러씨엽의 귀에 들렸다. 그리하여 왕은 밀사를 통해 세계의 영웅 로스탐의 아들이란 정보를 알아냈다.

아프러씨엽은 자신의 부하 중 한 사람인 지휘관 후먼에게 이와 같은 명령을 내렸다:

"후먼아! 로스탐을 없앨 수 있는 사람은 오로지 쏘흐럽 밖에 없다. 자네가 이 두 사람이 서로 알아차리지 못하고 싸우도록 일을 꾸며야겠다. 만일 쏘흐럽이 로스탐을 없애버린다면, 우린 케이커부쓰 군사들을 물리쳐 승리할 것이고, 만일 로스탐이 쏘흐럽을 없애버린다면, 로스탐이 그 사실을 알면 그 역시 자식을 자신의 손으로 죽게 했다는 슬픔에 못 이겨 더 이상 견딜 수 없어 사라질 것이다."

드디어 싸움의 날이 다가왔다. 이란 군사들과 투런 군사들이 서로 마주하고 줄을 이었다. 청년 쏘흐럽은, 케이커부쓰 군사들 안에 있을 지도 모르는 자신의 아버지에 대한 존재도 모르고, 아프러씨엽 군사들 사이에 서 있었다. 쏘흐럽은 케이커부쓰 군대를 공격했다. 그가 한 번 휘두르는 장검에 10명의 군사들이 쓰러졌다. 청년 쏘흐럽의 용맹성을 보고 케이커부쓰 군사들의 마음에 두려움이 생겼다. 이란 군 지휘관의 한 사람인 호지르는 쏘흐럽의 용맹성을 보고 그를 공격했다. 두 용사는 얼마간 서로 싸웠다. 그러나 호지르가 휘두르는 일격은 쏘흐럽에게 아무건 효과가 없었다. 드디어 쏘흐럽은 자신의 올가미를 호지르를 향해 던졌다. 올가미는 호지르의 목에 걸려 그를 말에서 떨어뜨려 땅 위에 곤두박질하게 만들었다.

호지르를 자신의 포로로 한 쏘흐럽은 이란 군사들 중 로스탐을 알려달라고 그에게 청했다. 쏘흐럽의 강한 팔뚝의 힘을 보고 이 젊은이만이 오로지 로스탐을 없애 버릴 수 있는 사람이라는 것을 알게 된 호지르는 로스탐에 대한 충성심으로 그의 목숨을 살려야겠다는 마음에서 쏘흐럽에게 이렇게 답했다:

"젊은 용사여! 맹세하건대 로스탐은 이 싸움에 참석하지 않았소, 지금 그는 그가 태어난 곳 저볼레스턴에 있소."

얼마 지나, 멀리서 쏘흐럽이 싸우는 것을 목격한 케이커부쓰는 자신의 군사들 중 로스탐 이외에 쏘흐럽과 대항할 힘을 가진 자는 아무도 없다는 것을 알고, 로스탐에게 전장으로 그와 싸우러 나가라고 명령했다.

로스탐은 청년 쏘흐럽의 출중한 모습을 보고 그에게 말했다:

"젊은이! 왜 자신을 죽이려고 하는가? 나는 혼자서 마귀의 군사를 물리쳤고 용과도 싸웠다네. 나는 몸집이 큰 고래를 죽일 만큼 힘이 아주 센 사람이오. 그렇지만 자네와 같이 용감한 젊은이를 내 손으로 죽이고 싶지 않아. 자 이제 싸움에서 손을 떼고 자네의 고향으로 돌아가게."

용감한 용사로부터 관대한 이야기를 들은 청년 쏘흐럽은 말했다:

"용장이시여! 전 지금까지 당신과 같이 용감하고 힘이 있는 용사를 만난 적이 없습니다. 당신은 세상의 위대한 용사인 다스턴 가문의 로스탐인 것이 틀림없습니다. 어서 정확한 답을 해 주시오."

그러나 로스탐은 그에게 답했다:

"젊은이! 난 로스탐이 아니오. 그는 견줄 자가 없는 용사요. 태양도 그 앞에서는 스러지고 만다오."

이런 말을 듣고 호지르의 말이 떠오른 쏘흐럽은 그의 아버지는 이란 군사들 중 없다고 확신이 되어 있는 힘을 다해 이 용사와 싸워서 없애버리겠다고 결심했다.

마지막 싸움에서, 각자의 말에 탄 두 전사(戰士)는 창과 장검을 가지고 싸움을 시작했다. 두 용사의 말굽에서 일어나는 먼지는 전장의 하늘을 검게 했다. 그들 두 사람에게 있어서 어느 싸움도 이렇게 오래 끈 적이 없었다. 그들의 창과 장검이 잘게 부서질 때까지 서로의 몸에 창과 장검을 들이대었다. 그러고 나서 활과 화살로 서로를 공격했다. 그러나 활도 역시 서로에게 아무런 영향을 주지 못했다. 로스탐은 스스로 쏘흐럽에게 다가갔다. 그를 땅으로 박아 버리기 위해 말에 타고 있는 그의 허리를 잡았다. 그러나 아무리 애를 써도, 그를 말에서 들 수 없었다. 갑자기 쏘흐럽은 곤봉으로 강하게 휘둘러 로스탐의 머리를 맞혔다. 철모 위를 맞은 로스탐은 그의 타격을 쉽게 피했다.

날은 점점 어두워 지고 있었다. 두 용사는 심하게 지친 상태로 땀을 흘리며 먼지투성이였다. 두 사람은 각자의 막사로 돌아가 밤을 편히 쉬고, 다음 날 서로 몸싸움을 하기로 결정했다. 젊은 용사의 힘에 대한 놀란 로스탐은 케이커부쓰 막사를 향해 갔다. 그는 혼잣말을 했다:

"야 정말 힘이 센 젊은이야! 싸만건에 있는 나의 어린 아이도 어느 날인가 이 청년 같은 용사가 되었으면 좋을 텐데."

쏘흐럽은 막사로 돌아오고 나서, 후먼에게 가 말했다:

"후먼! 이 분은 강인하고 전사다운 용사이십니다. 그가 영웅 로스탐이라고 전 생각합니다."

쏘흐럽이 로스탐을 알아 보는 것을 원하지 않았던 후먼은 대답했다:

"오 청년 쏘흐럽! 나는 한 전쟁에서 그와 싸운 적이 있어 그를 잘 알고 있다. 이 영웅은, 로스탐이 아니다. 로스탐은 그보다 더 힘이 세고 더 강하단다."

그 다음 날, 태양이 뜨자, 두 용사는 자신의 갑옷을 입고 말에 타고 전장

으로 나왔다. 쏘흐럽은 로스탐을 보자 이와 같이 말했다:

"오 용사여! 왜 다시 싸울 것을 결정하고 전쟁 준비를 하셨나요? 자 저주와 적대감은 치워버리고 우리 서로 친해지기로 해요. 자 신에게 서로 우애의 약속을 합시다. 저는 당신과 싸우고 싶지 않습니다. 당신은 로스탐이십니까? 당신 자신을 소개하세요."

그러나 로스탐은 이렇게 답했다:

"오 젊은이! 왜 끈질기게 날 알려고 하는가? 자네는 내 이름에 무슨 상관인가? 우리들은 어제 서로 싸울 것을 약속했소. 나는 속이려고 하는 자네 말을 듣지 않겠소. 만일 내가 두렵다면 지체하지 말고 이 전장에서 도망치시오."

이번에는 두 용사가 말에서 내렸다. 그리고 서로 몸싸움을 시작했다. 온종일 그들의 몸과 몸의 싸움은 계속되었다. 그러나 어느 누구도 상대를 압도할 수 없었다. 드디어 젊은 쏘흐럽은, 로스탐의 허리띠를 강하게 잡고 그를 자신의 두 손으로 들어 올렸다. 그리고는 힘차게 땅에 내려 박았다. 마치 사자처럼 이 세상의 용사 로스탐의 가슴 위에 그가 앉았다. 자신의 단도를 꺼내 그의 머리를 베려고 했다.

경험이 많은 용사인 로스탐은 경험이 없는 쏘흐럽의 젊음을 이용해 말했다:

"오 용감한 용사여! 용감한 사람이란 위대한 용사의 등이 첫 번째 땅 위에 쓰러졌다고 그를 죽이지 않는 것이 용사의 법도라오. 그렇지만 만일 그를 두 번째로 땅 위에 쓰러뜨렸다면, 그제야 비로소 용사를 죽일 수 있는 거지."

친절한 마음을 가진 쏘흐럽은 로스탐의 말을 믿고 그를 죽이지 않았다. 이렇게 하여 로스탐은 죽음을 벗어났고 두 용사는 쉬고 나서 서로의 싸움이 세 번째가 되기 위해, 다시 각자의 막사로 돌아갔다.

세 번째 날이 다가 왔다. 두 용사는 세 번째를 위해 서로 마주하고 섰다. 둘은 각자의말에서 내려 마치 화가 난 표범처럼 서로 부둥켜 안았다. 아버지와 아들 사이의 싸움은 매우 격렬했다. 이번에는 로스탐이 보다 침착하게 싸움을 했다. 갑자기 용사 로스탐은 기회를 이용했다. 그리고 청년 쏘흐럽의 머리와 목을 잡고 그를 땅 위에 박았다. 쏘흐럽이 자신의 손에서 벗어날 것을 알고 있었기 때문에 매우 강한 타격으로 그의 옆구리를 쳤다.

쏘흐럽의 눈 앞에 펼쳐진 세상은 어둡고 깜깜했다. 용감한 쏘흐럽은 흐르는 피와 함께 뒹굴며 소리쳤다:

"용사여! 나는 젊음이 막 꽃피우는 봄날의 시기에 당신의 손에 죽어 나의 아버지와의 만남을 그리워하며 죽을 운명입니다. 만일 당신이 물고기가 되어 바다로 가거나 혹은 당신이 밤이 되어 어둠에 숨어도 나의 영웅이며 명성이 있는 나의 아버지, 로스탐은, 당신을 찾아 낼 것입니다. 그래서 나의 복수를 당신에게 꼭 해 줄 겁니다."

로스탐은 쏘흐럽의 말을 듣자, 눈 앞이 깜깜했다. 큰 소리를 지르고 잠시 어리둥정하여(의식을 잃고) 땅 위에 쓰러졌다. 정신을 차린 후 말했다:

"나의 사랑하는 용사여! 나의 다정한 아들아! 가엾은 것 로스탐이 나다. 너는 그에게서 무슨 징표를 가지고 있느냐?"

생명의 마지막 순간에 있는 쏘흐럽은 말했다:

"만일 정말 당신이 다스턴가문의 로스탐이라면, 당신의 오만함 때문에 날 죽였다는 것을 아세요. 저는 당신을 알아 보고 친해 보려고 무척 노력했었습니다. 그러나 당신한테서 아버지의 친절함을 조금도 느끼지 못했습니다. 지금 나의 갑옷을 벗겨 보세요. 그리고 내가 가진 유일한 당신의 기념물인 나의 팔뚝에 있는 구슬을 보세요."

로스탐은 자신의 구슬을 쏘흐럽의 팔뚝에서 보았을 때, 자신의 젊은 아들을 품에 안고 마음 저 바닥으로부터 울부짖었다. 이 순간 쏘흐럽은 마지막으로 눈을 뜨고 아버지를 보고는 죽었다.

제3과
로스탐의 일곱 모험

이란의 군사들의 영웅 중의 한 사람이며 명장인 썸 나리먼의 유일한 희망은 튼튼하고 용기 있는 자식을 갖고 싶은 것 이었다. 마침내 썸의 희망이 이루어져 그의 아내는 아들을 낳았다. 그러나 아들은 잘 생긴 얼굴을 가지고 있었지만 노인들처럼 하얀색 머리카락을 가지고 있었다. 썸의 아내는 머리카락이 희다는 이유로 '잘[687]' 이라 이름을 지었다. 그러나 썸은 그의 자식이 태어난 것에 대해 기뻐하지 않았다. 아내에게 말했다:

"나를 부끄럽게 만드는 이 아이를 친구건 적이건 그의 손에 맡길 것이오. 아이 때문에 모두가 날 놀려 댈 거요."

그러고 나서 그는 아들을 알보르즈의 높은 산자락으로 데리고 가 동물들이 아이를 없애버리도록 그곳에 놓아 두었다.

전설의 새인 아름다운 불사조는 알보르즈 산 위에 둥지를 틀고 새끼들과 살고 있었다. 그 날 불사조는 먹이를 구하기 위해 산 주위를 날다가 어린 잘을 보게 되었다. 배가 고픈 잘은 뜨거운 햇살 아래 돌 판에 홀로 누워 있었다. 불사조는 잘을 보자 가여웠다. 그래서 둥지로 데리고 가 새끼들과 함께 자라도록 보살피리라 결심했다. 이리하여 잘은 죽음이 확실한 상황에서 벗어나게 되었다.

---

[687] 노파들의 흰 머리카락을 이르는 말임.

한글번역 163

그 후로 몇 년이 지났다. 절은 불사조의 새끼들과 함께 성장했다. 이러는 와중에, 썸은 자신이 한 일에 대해 후회를 하고 있었다. 자식을 죽도록 만들었다는 것 때문에 자책하곤 했다. 썸은 어느 날 밤, 한 남자가 이렇게 말하는 꿈을 꾸게 되었다:

"썸! 절이 살아 있소. 지금 건장하게 성장했다오. 그러니 어서 일어나, 찾아 데리고 오시오"

썸은 그 다음 날, 자신이 꾼 꿈을 친구들에게 들려 주었다. 그들은 이런 답을 주었다:

"용사 중의 용사여, 자넨 자네 손으로 자기 아들을 죽게 내버려 두었어. 심지어 동물도 자기 자식을 그렇게 하는 법은 없지. 그런데 신은 그 아이가 살아 있기를 원하셨군. 이젠 자네가 한 일을 참회하게 어서 자식을 찾도록 하게."

썸은 자식을 찾으러 군사들을 알보르즈 산으로 보냈다. 군사들을 보자 절을 데리러 온 것을 안 불사조는 절에게 말했다:

"나의 사랑하는 아들아! 지금 너의 진짜 아버지인 썸이 널 데리러 여기 와 있구나. 넌 가야만 한다."

그렇지만 불사조를 매우 사랑하고 있었던 절은 떠나고 싶지 않았다. 대답하기를:

"불사조여! 제가 가장 좋아하는 것 잘 아실 거에요. 전 한 순간조차 불사조님과 떨어져서는 견딜 수 없어요. 그러나 절대로 절 잊어버리지 마세요. 그리고 전 영원히 사랑하며 기억하고 있을 거에요."

그리고 나서 불사조는 색색의 깃털 중에서 아름다운 털 하나를 뽑아 절에게 주며 말했다:

"애야! 어려운 일이 네 앞에 닥칠 때마다, 이 깃털에 불을 붙여라. 그럼

내가 곧 네게 가 널 도와 주마."

불사조는 절을 등에 태우고 날아 썸 앞에서 내려 주었다. 썸은 (지금) 강인하고 건강하게 자란 절을 보자 매우 기뻐했다. 그리고 불사조에게 말했다:

"모든 새들의 거성이여! 신의 기호가 있기를. 절을 돌보아 주셔서 감사합니다."

그러고 나서 절을 부둥켜 안고 입맞춤을 하며 말했다:

"나의 자식아! (날) 용서해 다오! 과거를 잊어 다오. 내게 오너라, 과거에 대해 보상할 것을 네게 약속하마."

젊은 절은, 자신을 위해 가지고 온 말에 타고 아버지 곁, 군사들을 앞서 도시를 향해 나섰다.

어느 봄날, 용사 썸은 이란의 왕 케이커부쓰의 명령으로 장기간, 전쟁을 하기 위해 떠났다. 출발하기 전에 절을 다른 용장들과 부족의 어른들에게 데리고 가 말했다:

"이 아인 나의 아들 절이오. 이 아이를 그대들에게 맡기오. 전술을 가르치고, 지혜와 학문을 가르쳐 주시오 그리하여 위대한 영웅이 되어 능숙한 군사로 이 나라를 지키도록 해 주시오."

얼마 지나 절은 용사들의 교육으로 익히고 있었다. 그는 가지고 있던 많은 능력과 힘으로 재빠르게 이란의 강인한 용사들 중의 한 사람으로 성장하여 그의 명성을 온 누리에 떠돌게 되었다.

어느 날 절은 사냥을 하기 위해 인도로 떠났다. 커볼 근처에 이르렀을 때, 명장인 메흐러베 커볼리[688]는 소중한 선물들을 가지고 (그를) 환영하기 위해 나왔다. 잠시 동안이라도 자신의 손님으로 있을 것을 절에게 청했다. 용사

---

[688] مهرانِ کابلی 로 쓰기도 함.

절은 수락을 하고 메흐러베 커볼리의 궁전으로 갔다. 그곳에서 절은 그의 딸인 루더베를 알게 되었다. 절은 그녀에게 청혼을 했다. 이리하여 절은 루더베와 결혼을 하고 그녀와 함께 이란으로 돌아갔다.

얼마 후, 신은 그들에게 로스탐이라는 이름을 지어준 아들을 주셨다. 로스탐은 태어났을 시기부터 매우 잘 생기고 큰 체격을 가지고 있었다. 사람들이 그를 볼 때마다 말하곤 했다:

"절, 자네 아들은 반드시 위대한 영웅이 될 거야."

자식이 생긴 것을 매우 기뻐했던 절은 아들에게 입맞춤을 하며 신에게 감사했다. 그리고는 로스탐의 탄생을 기념하기 위해 큰 축제를 거행하라고 명을 내렸다.

로스탐은 점점 자라 매우 힘이 강하고 강인한 청년으로 성장하여 아버지 절의 교육아래서, 학문과 지식과 모든 전술을 배웠다. 이란의 용감한 영장 중의 한 사람이 되었다. 그는 혼자서 군사들과 싸워 그들 모두 없앨 수 있었다. 이러한 이유로 매우 빠르게 케이커부쓰의 주목을 끌게 되었고 그의 아버지 절처럼 이란 군의 위대한 영장에 속하게 되었다.

그 시기에, 마귀들은 디브 쎄피드의 명령대로 머잔다런을 공격하여 점령하고 있었다. 오만하고 어리석은 왕 케이커부쓰는 머잔다런을 공격하여 디브 쎄피드를 없애기로 결심을 했다. 그의 모든 영장들, 예를 들면 절과 로스탐은 그러한 일을 가로막으며 말했다:

"디브 쎄피드와는 전쟁을 하지 않는 것이 더 좋습니다. 왜냐하면 마귀는 매우 힘이 강해 오히려 왕을 해칠 겁니다."

그러나 케이커부쓰는 영장들의 충고를 듣지 않고 많은 군사들을 데리고 마귀들의 땅을 향해 공격했다. 그러나 예상했던 대로 패배하여 왕과 그의 군사들은 디브 쎄피드의 포로가 되었다. 디브 쎄피드는 그들의 눈을 멀게 만들었다. 그리고 그들을 어둡고 좁은 공포스러운 지하감옥에 넣어 버렸다.

케이커부쓰는 몰래 전령을 절에게 보내, 자신들을(그들을) 도와줄 로스탐을 보내라고 청했다. 절은 케이커부쓰가 포로가 된 자초지종을 그의 아들인 로스탐과 대화를 나누었다. 로스탐은 이와 같이 답했다:

"아버지! 신의 희망대로 케이커부쓰와 군사들을 감옥에서 구하고 흰 마귀를 없애버릴 수 있게 그들을 도우러 가겠어요."

그리고 난 후, 자기 발과 같이 빠르고 출중한 라크쉬를 타고 급히 머잔다런을 향해 나섰다. 로스탐은 하루 종일 속도를 내어 달렸다. 밤이 되어 드넓은 광야에 닿아 그곳에서 밤을 지새기로 하고, 라크쉬에서 내려 쉬었다.

그런데 그 근처에는 포악하고 큰 사자 한 마리가 살고 있었다(서식처가 있었다). 사자가 그곳으로 돌아왔을 때, 로스탐과 라크쉬가 있는 것을 보았다. 맹수인 사자는 재빨리 로스탐을 향해 공격했다. 그렇지만 로스탐의 충직한 말 라크쉬는 사자를 보자마자, 두 다리로 버티고 서서 마치 손처럼 사자의 머리를 땅에 박아 사자는 도리없이 땅에 나가 떨어졌다. 그 후, 사자의 허리를 잡아 치켜 들고 하늘을 향해 던졌다. 사자는 땅 위에 떨어져 죽어 버렸다. 라크쉬의 소리로 로스탐은 잠에서 깨어 상황을 알게 되었다. 라쿠쉬에게 입맞춤을 하며 신에게 감사했다. 그리고 헌신적인 말에 올라 타고 길을 나섰다.

그 다음날, 로스탐은 풀도 물도 없는 메마른 들판에 이르렀다. 목이 말라 기운을 잃고, 심지어 라크쉬도 더 이상 자리에서 꼼짝할 수 없었다. 로스탐은 라크쉬에서 내려 물을 찾기 시작했다. 그렇지만 어디서도 물을 찾을 수 없었다. 점점 물을 찾을 수 있다는 희망이 사라졌다. 로스탐은 하늘을 향해 두 손을 들고 말했다:

"신이시여! 목숨을 지켜 주소서. 케이커부쓰 왕과 이란 군사들에게 가서 흰 마귀로부터 구할 수 있도록 도와주소서."

갑자기 그의 눈 앞에 예쁘고 살찐 양 한 마리가 보였다. 틀림없이 이 광야에 샘이 있다는 것을 알게 되었다. 양의 뒤를 따라갔다. 양은 그를 샘물가로 데리고 갔다. 로스탐은 샘을 보자, 매우 기뻐하며 신에게 감사했다. 이렇게 로스탐은 다시 죽음에서 벗어나 샘물을 마신 후, 마귀들의 땅을 향해 갔다.

로스탐은 라크쉬를 타고 마법자들의 땅인 머잔다런을 향해 서둘렀다. 그 곳은 매우 푸르고 울창한 땅이었다. 마녀 노파가 로스탐을 없애버리기 위해 맛있는 음식들로 차려진 상을 아름다운 나무 그늘 아래 두고 자신은 몸을 숨겼다. 로스탐은 여러 가지 음식이 있는 상을 보고 기뻤다. 말에서 내려 음식을 먹으려고 했다. 그런데 아름다운 여인으로 변한 마녀 노파가 그를 향해 왔다. 로스탐은 젊은 여인을 보자 매우 놀랐다. 그러자 신의 이름을 되뇌었다. 신이란 말을 듣자마자 마녀 노파의 모습은 원래대로 돌아갔다. 로스탐은 마녀 노파를 보자, 곧 상황을 알아챘다. 곧 장검을 꺼내 그녀를 향해 달려 들었다. 마녀는 도망쳤다. 그러나 영장 로스탐은 다른 마법사들에게 경고가 되도록 한 칼의 휘두름으로 없애버렸다.

로스탐은 얼마 후, 어두운 공포의 땅에 이르렀다. 그의 눈에는 더 이상 아무 곳도 볼 수 없었다. 바로 발아래 앞조차 보이지 않았다. 그런데 어떤 생각이 떠올랐다. 라크쉬의 고삐를 풀었다. 총명한 라크쉬는 정확하게 차근차근 길을 찾아 발걸음을 옮기며 앞으로 갔다. 점점 날이 밝아졌다. 로스탐은 마귀들의 땅이 있는 아름답고 푸르른 곳에 도착했다.

마귀들은 로스탐을 보자 마귀 올러드의 지휘대로 지체하지 않고 공격했다. 로스탐은 장검을 칼집에서 꺼내 한 번의 휘두름으로 열 명의 마귀를 죽였다. 마귀들은 그의 용맹과 힘을 보자 줄행랑을 쳤다. 그러나 그들의 명령자 올

러드는 소리질렀다:

"로스탐이여! 널 없애 버릴 테니 자 와라 나와 싸우자."

그리고는 로스탐을 행해 공격했다. 로스탐은 자신의 올가미 밧줄을 머리 위로 돌리며 올러드를 향해 던져 그는 포로가 되었다. 자신이 로스탐의 올가미에 걸린 것을 본 올러드는 말했다:

"젊은 용장이여! 날 죽이지 마시오. 그대가 원하는 것은 무엇이든지 해 주겠다."

로스탐은 답했다:

"만일 디브 쎄피드와 (그의) 포로들이 있는 곳을 내게 알려 준다면 너를 풀어 주겠다. 만약 네가 거짓말을 한다면 온전히 목숨을 구하지 못할 것이다. 목을 베어 버릴 것이다."

올러드는 말했다:

"용사여! 디브 쎄피드에게 가기 전에 공포의 산들을 지나야만 하오. 독수리조차도 공포의 산들을 날아갈 수 없소. 마법사 아르장의 지휘로 만 이천 마리 마귀가 그곳을 지키고 있소. 그래서 아무도 그곳 가까이 갈 수 없다오."

로스탐은 이 말을 듣고 올러드의 손을 묶어 말에 탄 후 자기 뒤에 앉혔다. 그리고 공포의 산들을 향해 나섰다.

로스탐과 올러드가 산에 닿을 즈음 날은 밝았다. 로스탐은 산을 지키고 있는 마귀들을 목격하자 장검으로 (그들의) 군사들을 공격했다. 마귀들은 로스탐을 포위하려고 에둘러 쌓았다. 그러나 로스탐은 몸을 회전시키며 한 번에 (그들 중) 여러 명을 죽였다. 로스탐은 갑자기 마법사 아르장을 알아 보고 재빨리 그를 향해 서둘러 그가 꼼짝할 틈을 주지 않고 순식간에 목을 베어 버렸다. 마귀들은 자신들의 지휘자가 죽은 것을 알자 몹시 두려워하며 도망갔다. 이렇게 하여 로스탐은 공포의 산들을 지나갈 수 있었다.

그리고 나서 그는 올러드에게 케이커부쓰와 이란 군사들이 갇혀있는 감옥으로 안내하라고 청했다. 케이커부쓰는 지하 감옥 안에서 라크쉬의 소리를 들었다. 처음에는 환상이라고 생각했다. 그러나 점점 그를 비롯하여 감옥에 있던 사람들 모두 사실이라는 것을 알게 되었다. 로스탐이 그들을 구하기 위해 온 것이다. 로스탐은 감옥의 거대한 벽을 무너뜨리고 감옥 안으로 들어왔다. 지하 감옥의 문을 헐어 버렸다. 그리고는 케이커부쓰에게 갔다. 케이커부쓰는 로스탐에게 매우 감사하며 말했다:

"오 용감한 용사여! 흰 마귀가 우리의 눈을 멀게 만들었네. 오로지 눈을 뜰 수 있는 약은 흰 마귀의 간이라네. 사랑하는 용사여! 이런 사실을 알기 전에 그를 공격하게! 그를 없애 버리게. 우리들의 눈을 고칠 수 있는 그의 간의 피를 가지고 오게."

로스탐은 올러드의 안내로 디브 쎄피드가 살고 있는 동굴을 향해 출발했다. 그는 일곱 산과 일곱 계곡을 지나 디브 쎄피드 가 살고 있는 동굴에 이르렀다. 로스탐은 장검을 들고 동굴로 뛰어 들었다. 그러나 동굴은 어디인지 구분할 수 없을 정도로 어두웠다. 잠시 그의 눈이 어둠에 익숙하도록 기다렸다. 차츰차츰, 동굴의 저 끝에서 자고 있는 무시무시한 형상이 드러났다.

디브 쎄피드는 로스탐의 소리를 듣고 잠이 깨어 그를 공격했다. 처음에는, 로스탐의 허리를 강하게 잡았다. 그리고는 로스탐을 땅에 내팽개치려고 했다. 로스탐은 장검을 들고 그의 발에 던졌다. 그의 발은 잘라지며 마귀는 땅에 주저 앉았다. 로스탐은 갈고리가 달린 창을 꺼내어 힘있게 휘둘러 마귀의 머리를 내려쳤다. 그러나 디브 쎄피드는 힘이 그대로 있었다. 마침내 용감한 용사는 디브 쎄피드를 땅에서 일으켜 두 손으로 들고 있는 힘을 다해 돌 위에 내팽개쳤다. 디브(마귀)는 움찔하더니 죽었다. 로스탐은 지체하지 않고 그의 간의 피를 챙겨 들고 그를 기다리고 있는 케이커부쓰와 군사들을 향해 길을 나섰다.

케이커부쓰는 용사 로스탐이 돌아온 것을 매우 기뻐했다.

그리고 나서 왕과 군사들의 눈에 마귀 간의 핏방울을 넣어 주었다. 그들의 눈은 원래대로 좋아졌다. 이렇게 하여 친절한 신의 도움과 영웅 로스탐의 노력으로 머잔다런은 마귀들의 손아귀로부터 벗어나 영원히 자유롭게 되었다.

제4과
에스환드여르의 일곱 모험

　세월이 흘러 이란은 왕들의 지배를 거치면서 고쉬터씁 왕에 이르렀다. 그는 왕좌에 앉은 후, (여러 곳을 향해) 군사를 이끌어 많은 지역을 빼앗고, 점령지의 왕들을 모두 복종시켰다. 그러나 그들 중 투린의 왕 아르저씁은 복종하지 않고 고쉬터씁과 전쟁을 시작했다.

　고쉬터씁은 대군을 준비하고 많은 용사들과 함께 아르저씁과 싸우러 갔다. 이렇게 이란과 투린 두 군사는 치열한 전쟁을 치루었다. 이란 용사들은 한 사람 한 사람씩 출전하여 매번 적의 군사를 패배시켰다. 드디어 고쉬터씁의 형제인, 용장 자리르가 죽게 되는 상황까지 이르렀다. 고쉬터씁 왕이 형제의 죽음을 알게 된 후, 매우 슬퍼했다. 그는 출전하여 형제의 죽음에 대한 복수를 하겠다는 결심을 했다. 그러나 이 사이, 용기있고 강인한 용사인 고쉬터씁의 아들, 에스환드여르는 적과 싸우러 자신이 가겠다고 허락해 달라고 원했다. 에스환드여르는 말을 타고 싸움터로 달렸다. 그는 사자처럼 포효하며 많은 적군의 공격을 물리쳤다. 그와 상대가 되지 않는 다는 것을 알게 된 투린인들은 줄행랑을 쳤다. 이렇게 하여 에스환드여르의 용감한 전쟁은 이란 군의 승리가 되었고 고쉬터씁은 승리에 걸 맞는 큰 축제를 벌었다. 그의 아들 에스환드여르에게 매우 고마워했다.

* * *

　고쉬터씁 왕이 아들에 대한 사랑을 만족해 하지 않으며 (이란) 왕손에 대하여 질투를 하던 고라즘이란 이란 군대의 용장이 있었다. 그는 왕에게 에스환드여르에 대하여 비난할 기회를 노리고 있었다. 어느 날 그는 왕에게 가 칭송으로 아첨을 하며 말했다:

"저는 아주 중요한 비밀을 알고 있습니다. 전하에게 알리려고 합니다."

그리고는 에스환드여르에 대한 비방을 시작하여, 그는 아버지를 죽이고 자신이 왕위에 오르려는 계획을 가지고 있다고 말했다. 왕은 이 말을 듣고 매우 불쾌해 하였다. 그는 아들을 데리고 오라고 명했다, 에스환드여르가 왕궁으로 왔을 때, 고쉬터씁은 그를 행해 말했다:

"난 너를 소중히 여겨 나의 후계자로 선택하였다. 그래서 네게 전술과 용사의 도를 가르쳤다. 그런데 지금 나의 사랑에 대한 답을 이렇게 하고 있구나. 나를 패하고 왕위에 오를 계획을 하고 있다구."

그러나 아무것도 알지 못하는 에스환드여르는 놀라 말했다:

"왕이시여, 무슨 말씀을 하십니까? 전 그런 생각은 결코 하지 않습니다. 저의 꿈은 영원히 전하 곁에서 도움을 드리는 사람이 되고 싶었습니다. 제가 무슨 죄를 지어 갑자기 전하께서 이런 말씀을 하시는지요."

그러나 고쉬터씁은 아들의 말을 들으려 하지 않고 에스환드여르의 손과 발을 사슬로 묶어 '곤바던 데즈'라는 곳에 감금시키라고 할 만큼 분노와 오만에 차 있었다.

투런 군사가 패 한지 얼마 지나지 않아 투런 왕 아르저씁은, 다시 이란을 공격했다. 그리하여 많은 군사를 준비해 이란으로 돌진했다. 투런왕의 갑작스런 공격을 불시에 받은 고쉬터씁은 즉시 명장과 용사들에게 전쟁을 준비하도록 모았다. 마침내 두 나라사이에 격렬한 전쟁이 벌어졌다. 전쟁을 위해 충분한 준비를 하지 못했던 이란 군대는 불시에 공격을 받았다. 많은 이란 용사들이 죽었다. 자신의 군사들이 패배한 것을 확실히 알게 된 고쉬터

쓥은 깊은 시름과 괴로움에 빠져 지혜롭고 학식이 많은 대신 저머씁에게 해결 방법을 찾게 했다. 저머씁은 말했다:

"왕이시여, 에스환드여르 이외에 투런 군대를 대항할 힘을 가진 사람은 아무도 없습니다. 전하의 너그러움(도움)으로 서둘러 이란 군대를 패배로부터 구할 수 있는 것은 오로지 그입니다. 그러니 어서 그를 감옥으로부터 이곳으로 데리고 오도록 명령을 내리세요."

고쉬터씁은 대신의 이런 말을 듣고 자신이 한 행동을 부끄러워하며 말했다:

"난 고라즘에게 속아 죄 없는 에스환드여르를 감옥으로 보냈구나, 내가 한 일이 너무 후회스럽다. 자 이제 그대가 곤바던 데즈로 가 그를 풀어주게. 내가 한 억압의 보상으로 그에게 왕좌와 왕관을 주겠오."

왕의 이러한 결정을 기뻐한 저머씁은 서둘러 곤바던 데즈로 갔다. 에스환드여르를 감옥에서 풀어주고, 고쉬터씁의 전갈을 전했다. 그리고 에스환드여르에게 왕에게 가서 이란 군대를 보호하기를 원했다. 그러나 죄 없이 심한 고통을 겪었던 에스환드여르는 말했다:

"전 언제나 아버님의 보호아래 있었고 아버님을 도왔습니다. 그렇지만 아버님은 나의 친절을 이렇게 답하셨어요. 저를 묶어 비천하고 경멸하게 몰아버려야만 했습니다."

저머씁은 답했다:

"아버지의 죄를 용서하게. 왜냐면 왕께서는 자신이 한 일을 후회하고 만약 자네가 왕을 도와준다면 왕좌와 왕관을 자네에게 맡길 계획이라네."

에스환드여르는 아버지가 약속대로 행동하지 않는다는 것을 알고 있었음에도 불구하고 이란이 투런의 손에 점령되는 것은 보고 있을 수 없었다. 저머씁과 함께 이란 군대를 향해 출발했다. 아버지에게 오자, 왕은 그를 부둥

켜 안고 아들을 달래 주었다. 에스환드여르는 말했다:

"오 아버지 그런 말씀은 그만 두세요. 지금은 전쟁 중입니다. 전 이란의 적들을 없애기 위해 준비를 하겠습니다."

한편 에스환드여르가 자유의 몸이 되었다는 소식이 투런 왕 아르저씁에게 알려졌다. 군의 용장들을 불러 말했다:

"에스환드여르가 자유의 몸이 되었다는 사실을 알아 두거라. 이제 이란 군대가 우리들과 싸우기 위해 올 준비가 된 상황이다. 투런 군대에는 어느 누구도 그와 맞적수가 될 자가 없다는 것을 너희들은 알고 있다. 만일 우리와 전쟁을 한다면 생각할 것도 없이 우리는 패배할 것이다. 그러니 즉시 전쟁에서 손을 떼고 투런으로 돌아가는 것이 더 좋겠구나."

이러는 동안, 아르저씁의 군 용사들 중 고르그써르라는 이름을 가진 용장이 말했다:

"왕이시여, 이란 군대는 우리들에게 패하였습니다. 그리고 그들 중 많은 용사들이 우리 손에 죽었습니다. 에스환드여르 또한 그들을 구하는 것이 가능하지 않을 겁니다. 그런데 왜 그들과 전쟁하는 것이 두렵습니까. 전 자진해 싸움터로 나가겠습니다. 그래서 그의 힘을 약화시킬 겁니다."

아르저씁은 이 말을 듣고 기뻐했다. 그리고 만약 고르그써르가 에스환드여르를 패배시킨다면, 그가 원하는 만큼 재물을 주겠노라고 약속했다.

다음 날 아침, 이란과 투런 두 군대는 서로 마주하고 줄을 섰다. 싸울 준비가 되었다. 에스환드여르는 성난 사자처럼 적을 향해 공격했다. 그들 중 많은 사람을 없애버렸다. 다른 용사들 또한 그를 돕기 시작했다. 그와 상대가 될 거라고 짐작했던 고르그써르가 전장으로 들어왔다. 화살을 활에 꽂았다. 에스환드여르를 향해 쏘았다. 에스환드여르는 그를 속이기 위해 화살을 맞은 것처럼 위장하여 자신의 몸을 말 안장 위에 걸쳤다. 고르그써르가 가까이 오자마자, 갑작스런 일격으로 고르그써르의 허리 둘레를 올가미 밧줄로 묶었다. 그리고 그를 말에서 땅으로 떨어뜨렸다. 양손을 묶어 고쉬터씁에게 끌고 갔다. 그 동안, 상황을 보고 있던 아르저씁은 죽게 될 두려움으로 투런으로 도망갔다. 이렇게 하여 투런 군대는 패배하게 되었고 이란 군사는 다시 에스환드여르의 용맹으로 승리하게 되었다.

* * *

한편, 에스환드여르의 자매들은 지난 전쟁에서 아르저씁의 포로가 되어 있었다. 고쉬터씁은 에스환드여르가 앞으로 투런인들에게 잡혀있는 자매들을 구하러 아르저씁과 다시 싸우도록 군사들을 준비하라고 명령을 내렸다.

에스환드여르는 가장 용맹한 용사들로 군대를 준비했다. 그리고 투런을 향해 갔다. 그의 포로가 된 고르그써르에게 길을 안내하도록 동반했다.

아르저씁과 그의 군대는, 루인 데즈라는 곳에 숨어 있었다. 에스환드여르는 고르그써르에게 그곳에 닿을 수 있는 길을 물었다. 그는 답하기를:

"루인 데즈로 가는 길은 세 가지 방법이 있습니다. 첫 번째 길은 매우 멀어서 3개월이 걸립니다. 그렇지만 안전하고 위험이 없습니다. 그리고 여러 마을과 푸른 초원을 지나게 됩니다. 두 번째 길은 좀 가까워, 가는데 2 달 걸립니다. 그러나 물과 식량을 전혀 찾을 수 없는 곳이라 덥고 메말라 있습니다. 가장 가까운 세 번째 길은 1 주면 도착합니다. 그렇지만 사자와 늑대와 용 같은 위험하고 공포스러운 맹수들이 가득합니다."

에스환드여르는 잠시 생각을 하고 말했다:

"우리는 보다 빨리 가야 하니 세 번째 길로 가자."

고르그써르는 이어 말했다:

"그렇지만 그 길은 일곱 모험이 기다리고 있답니다. 반드시 당신은 일곱 명의 적과 싸워야만 하고, 루인 데즈로 가기 위해서는 그들을 없애 버려야 합니다."

그러나 에스환드여르는 자신의 결정을 확신했다. 그러고 난 후, 군대는 세 번째 길로 출발했다. 다음 날, 첫 번째 모험이 시작되었다. 에스환드여르는 용사들 중 한 용장에게 군대를 맡기고, 만일 앞으로 어떤 위험이 닥친다면 다른 용사들에게 해가 마치지 않도록 자신은 다른 사람들보다 조금 앞에서 나아갔다. 숫 사슴처럼 큰 뿔에 두 개의 큰 이를 가진 두 마리의 커다란 늑대가 바로 앞에서 다가왔다. 에스환드여르는 화살을 활에 꽂고 늑대를 향해 비처럼 화살을 쏘아, 피를 흘리며 땅에 쓰러지게 했다. 그리고 장검으로 목을 베었다. 그리고 나서 승리를 가져다 준 신에게 감사를 표했다.

그러자, 군사들이 그곳을 지나갔다. 몸집이 큰 두 마리 늑대의 잘라진 머리를 본 군사들은 놀라며 에스환드여르에게 찬사를 보냈다. 군대는 에스환드여르와 함께 두 번째 모험이 닥칠 때까지 왔던 대로 진행을 계속했다. 갑자기 성난 두 마리 사자가 그들을 마주하고 나타났다. 모두를 공포로 몰았다. 이번에도 에스환드여르는, 눈깜짝할 사이 장검으로 사자들을 죽였다. 군대는 무사히 이 모험도 통과했다.

에스환드여르는 고르그써르에게 물었다:

"내일은 어떤 일이 있는가?"

그는 답했다:

"세 번째 모험은 입에서 불을 뿜는 거대한 산처럼 큰 용이 나타납니다."

에스환드여르는 잠시 생각을 한 후, 바퀴 둘레에 날카로운 칼날이 달린 나무로 된 큰 수레를 만들라고 명령을 했다. 수레가 완성되자 그는 강철로 된 상자 안으로 들어갔다. 그리고 그의 명령대로 상자를 수레 위에 올려 놓았다. 두 마리의 말이 그것을 끌었다. 용은 그들을 향해 공격했다. 용은 수레와 말을 삼켰다. 수레 바퀴에 달린 칼날들은 용의 목구멍을 갈기갈기 찢었다. 용의 입에서 피가 흘러 내렸다. 에스환드여르는 상자에서 나와 장검으로 용의 독 주머니를 찢었다. 갑자기 검은 연기가 하늘로 피어 올랐고, 용은 사라졌다. 이렇게 하여 용감한 용사는 군사들을 네 번째 모험이 있을 곳까지 승리한 마음으로 안전하게 나아가게 이끌었다.

고르그써르는 (도중에) 에스환드여르를 가지 못하게 막으려 애썼다. 그는 에스환드여르에게 말했다:

"다음 번 모험에서는 마녀를 만날 겁니다. 그녀는 당신을 속이려고 할겁니다. 당신은 반드시 그녀에게 질 겁니다. 늑대와 사자와 용을 이겼다고 뽐내지 마시고, 여기서 돌아가세요."

그러나 그의 희망을 신에 건 에스환드여르는 답했다:

"나는 마녀도 신의 도움으로 없앨 것이다."

다음 날 군사들은 아름다운 시내가 흐르고 있는 푸르고 풍성한 들판에 이르렀다. 이번에도 에스환드여르는 군사들보다 앞서 작은 숲으로 들어갔다. 그는 물을 마시며 피곤을 풀기 위해 샘물 가에 앉았다. 마녀는 에스환드여르를 보자 아름다운 젊은 여인으로 변해 샘물 가까이 왔다. 에스환드여르는 그녀를 보자마자, 그녀가 틀림없이 변장한 바로 그 사악하고 추한 마녀인 것을 알아차렸다. 그러자 즉시 그녀의 목둘레에 사슬을 걸며 소리 질렀다:

"마법으로 날 헤매게 할 수 없다는 것을 알아 두거라. 즉시 네 본래 모습대로 나오너라 그렇지 않으면 목을 베어버리겠다."

갑자기 젊은 여인은 헝클어진 백발로 추하고 검은 얼굴의 모습을 드러냈다. 에스환드여르는 이 광경을 보고 신의 이름을 입 밖으로 되뇌었다. 마녀는 신이란 말을 듣자마자 의식을 잃고 땅에 쓰러졌다. 하늘은 뒤섞이더니 검은 구름이 온 곳을 뒤덮어 비가 내렸다. 마녀는 물처럼 땅에 스며들어 사라졌다.

멀리서 이 상황을 목격하고 있던 군사들은 즐거워하며 가까이 다가와 에스환드여르에게 승리를 축하했다. 이러는 동안, 승리한 것 때문에 기분이 나쁜 고르그써르는 말했다:

"다섯 번째 모험이란 높은 산에 살고 있는 크고 힘이 센 불사조입니다. 이 불사조는 코끼리나 표범을 주둥이로 들어 올릴 만큼 아주 큽니다. 그리고 날 때는 날개와 깃털로 하늘을 뒤덮고 땅은 그의 그늘로 깜깜하게 됩니다. 그러니 싸우러 가지 마세요. 여기서 돌아가세요."

그러나 에스환드여르는, 그의 말에 상관하지 않고 용에게 한 것처럼 그대로 할 것을 결심했다. 전에 만들어 놓았던 수레를 준비하도록 명을 내렸다. 그 후 강철로 된 상자 안에 앉았다. 그리고 두 마리 말을 타고 산 아래로 갔다. 수레와 말을 본 불사조는 그것들을 사냥하기 위해서 날아 왔다. 수레를 잡아 채려고 할 때, 날개와 깃털은 수레바퀴로 인해 상처가 나고 피를 흘리게 되었다. 동시에, 에스환드여르는 상자 밖으로 나와 장검으로, 불사조의 배를 베어 죽였다. 그리고 나서 고르그써르를 불러 다음 모험은 어떤 일이 직면하고 있는가를 물었다.

고르그써르는 답했다:

"내일은 칼날과 장검으로 일을 성공시킬 수 없을 겁니다. 왜냐하면 밤이나 낮이나 눈이 내려 당신과 당신 군사들이 가는 길을 막아 버릴 겁니다. 심지어 그 눈과 추위를 지나더라도, 일곱 번째 모험은 살아 있는 물체란 아무것도 찾아 볼 수 없는 물도 풀도 없는 긴 메마른 광야에 이를 것입니다."

고르그써르의 말을 들은 군사들은 겁에 질려 말했다:

"그렇다면 우리들은 우리 발로 죽음을 향해 가고 있군요."

그러나 에스환드여르는 그들을 달래며 말했다:

"우리의 희망은 신에게 있으니 승리할 것이다."

다음 날 아침, 회오리 바람이 불며 눈이 내렸다. 삼 일 낮과 밤 그렇게 눈이 내렸다. 그러는 동안, 에스환드여르는 군사들과 함께 기도를 드리며 신에게 이 눈과 추위를 지나가게 도와 주기를 원했다. 신은 기도에 응답을 하여 그들은 무사히 그 지역을 통과했다. 그러나 잠시 가자, 광야에는 길이 없다는 것을 놀라움과 함께 알게 되었다. 에스환드여르는 고르그써르가 거짓말을 하여 그들로 하여금 거짓 목적지를 가게 했다는 사실을 알게 되었다. 그리하여 이 계략 때문에 에스환드여르는 화가 나 그를 없애 버렸다. 그리고 나서 군대를 이끌고 루인 데즈를 향해 나섰다.

* * *

조금씩 조금씩 멀리서 데즈의 견고하고 큰 성벽들과 탑이 보였다. 많은 경비병들이 그곳을 지키고 있었다. 에스환드여르는 그곳을 보자 일을 성공시키는데 어려움이 있겠다고 파악했다. 그리하여 용장들과 어떤 계략을 짜서 데즈 안으로 들어갈 것인가를 의논했다. 대화를 나눈 얼마 후, 많은 낙타를 타고 온 비싼 물건을 가진 대상인과 자신이 상인 옷을 입고 그들과 함께 들어갈 수 있도록 준비하라고 결정했다. 그러고 난 후, 많은 군사들을 짐 사이 사이에 숨게 했다. 군대의 용사들도 상인 옷을 입고 에스환드여르와 함께 루인 데즈로 가까이 가게 되었다. 낙타 종소리를 들은 경비병들은 대상인이 왔다는 것을 아르저씁에게 알렸다. 그리고 그들이 데즈로 들어가도록 허락했다. 데즈의 문이 열림과 동시에, 에스환드여르와 다른 용사들도 들어갔다. 그리고 물건들을 사고 팔기 시작했다. 에스환드여르는 아르저씁에게 갔다. 자신은 돈이 많은 상인이라고 소개했다. 보석으로 가득 찬 주머니 하나를 그에게 선물하며 아르저씁에게 데즈에서 연회를 베풀려고 하니 아르저씁과 군사들을 연회에 초대하겠다고 했다. 아르저씁도 기뻐하며 받아들였다.

 밤이 되어 에스환드여르와 그를 따른 동반자들은 큰 연회를 열었다. 그리고 많은 음식과 마실 것으로 왕과 군사들을 대접했다. 얼마 후, 모두들 몸이 풀어지고 지치게 되어 잠이 들었다. 에스환드여르는 그 기회를 이용하여 함께 온 용사들과 아르저씁과 그의 군사들을 죽였다. 그리고 데즈에 갇혀있는 자매들을 구했다.

 이리하여, 루인 데즈도 에스환드여르에 의해 무너지고 투런 군대는, 다시 패하였다. 그는 기쁘고 의기양양하게, 그의 자매들과 군대와 함께 이란으로 돌아왔다.

제5과
로스탐과 에스환드여르의 여행

　에스환드여르는 일곱 모험과 투런을 패배시킨 후, 지금 기쁘고 승리감에 아버지 고쉬터씁에게 가고 있었다. 고쉬터씁은 승리한 것에 대해 큰 축제를 거행하고 모두들 기쁨과 춤에 빠졌다. 에스환드여르는 아버지가 약속대로 하여 자신에게 왕위와 왕좌를 맡겨 주기를 기대하고 있었다. 그렇지만 고쉬터씁은 그렇치 않았다. 왕은 에스환드여르를 보고 말했다:

"너는 강인하고 용감한 용사다, 너는 아르저씁과 투런 군사들을 패배시켰고 일곱 모험을 무사히 거쳐, 네 자매들을 루인 데즈에서 구했다. 그러나 이제 우리는 또 다른 적을 가지고 있구나. 만일 네가 원한다면 난 왕위를 네게 맡기고 싶다. 너는 반드시 저볼레스턴으로 가 로스탐의 손을 묶어 내게 데리고 오너라. 만일 이 일을 성공시키면, 신께 맹세하는데 너에게 왕위를 주겠노라."

에스환드여르는 답했다:

"아버지, 어떻게 로스탐과 전쟁을 하여 그렇게 용맹한 영장을 묶어 끌고 옵니까. 그는 이란의 적들을 물리쳤고 언제나 이란 백성을 보호해 주고 있는데요."

그러나 아들의 말에 아랑곳하지 않고 왕은 말했다:

"만일 내가 마음먹은 대로 해주기를 원한다면, 넌 내 명령대로 실천해야만 한다."

에스환드여르는 아버지의 말 때문에 슬펐다. 그러나 복종하는 수밖에 별다른 방법이없었다. 작별인사를 하기 위해 어머니 캬터윤에게 갔다. 세월을 보내며 세상의 모든 경험을 한 캬터윤은 아들에게 충고를 했다:

"아들아, 네 아버지는 늙고 힘이 없다. 모든 사람들은 네게 희망을 갖고 있단다. 네 목숨을 위험에 빠뜨리지 마라. 그리고 로스탐과 싸우러 가지 마라. 그는 힘이 강한 영장이고 아무도 그와 상대가 될 수 없단다."

에스환드여르는 어머니의 말에 대답했다:

"어머니, 어머니 말씀이 옳아요. 제가 로스탐과 싸워서 그를 포로로 하는 것은 있을 수 없는 일 이예요. 그러나 아버지의 명령을 불복할 힘이 없다는 것을 아시잖아요. 그러니 이제 떠나는 것 이외에는 다른 길이 없어요. 저는 씨스턴으로 갈 겁니다. 신에게 맹세하는데 저는 존경을 다해 로스탐과 만날 거예요."

어머니 캬터윤이 말한다고 그가 떠나는 것을 막을 수는 없었다. 에스환드여르는 말을 타고 천천히 멀어져 갔다. 그의 어머니는 아들이 멀어지는 것을 바라보고 있었다. 그녀는 눈물을 흘리며 아들을 위해 마음 깊이 (싸움에) 이기기를 희망했다.

* * *

에스환드여르와 그의 군사들은 히르만드강(江) 곁에 닿았다. 그는 그곳에 막사를 치라고 명령했다. 에스환드여르는 군대의 용장들을 모아 (그들에게) 말했다:

"왕께서는 저볼에 도착하면 로스탐을 포로로 하여 손을 묶은 채 왕궁으로 데리고 오라고 (내게) 명령을 내리셨다. 그러나 나는 이 일을 하지 않을 것이다. 왜냐하면 이란 은 힘이 강한 로스탐에 의해 적들로부터 보호를 받고 있기 때문이다. 그러므로 한 사람을 보내 로스탐을 이곳으로 오도록 내가 초대를 하는 편이 좋을 것 같구나. 만일 로스탐이 순순히 손을 묶은 채 왕에게 가는 것을 받아 들인다면, 난 결코 로스탐을 무례하게 대하지 않을 것이고, 그와 전쟁을 하지 않을 것이다. 그러나 그렇지 않으면 나는 그와 전쟁을 하지 않을 수 없다."

이리하여, 에스환드여르는 그의 아들 바흐만을 (이 일을 하도록) 선택해 이렇게 말했다:

"로스탐에게 나의 인사를 전해라. 그리고 존경심을 다해 로스탐에게 고쉬터씁의 왕궁으로 와서 왕에게 봉사하기를 원한다고 말을 하거라. 왜냐하면 왕께서는 그로 인해 심기가 불편하여 로스탐의 손을 묶은 채 데려오라고 내게 명령을 내리셨단다."

바흐만은 말을 타고 저볼을 향했다. 도시에 도착했을 때, 로스탐의 아버지인 절은 그를 맞으러 나왔다. 바흐만은 로스탐의 소재를 물어 도시에는 없고, 사냥을 하러 사냥터에 갔다는 것을 알아내었다. 바흐만은 사냥터를 향해 출발했다. 멀리서 로스탐을 보게 되었을 때, 용장을 보고 놀라움에 혼잣말을 했다:

"나의 아버지는 로스탐과 상대가 될 수 없어. 그와 전쟁을 하면 질 것이 뻔 해. 그러니 내가 그들이 서로 대면하기 전에 이 일을 해 보는 것이 낫겠어."

그리고는 산에서 커다란 돌을 잘라 로스탐이 누워있는 곳을 향해 떨어뜨렸다. 돌은 떼굴떼굴 아래로 굴러가면서 저절로 돌들을 모아 함께 굴러갔다. 돌이 가까이 오자, 로스탐은 눈썹 하나 움직이지 않고 자기 쪽으로 굴러 오는 돌들을 발 뒤꿈치로 멀리 굴려 버렸다.

멀리서 이런 광경을 목격한 바흐만은 혼잣말을 했다:

"만일 아버지 에스환드여르가 저 명장과 전쟁을 한다면, 의심할 것 없이 패배할 거야."

그러고 나서 로스탐에게 가 아버지의 말을 전했다. 로스탐은 바흐만의 말을 들은 후, 이와 같이 답했다:

"에스환드여르가 원한다면 그 때마다 나는 왕궁으로 갈 것이다. 그러나 손을 묶은 나를 왕에게 데려가는 것은 결코 용납하지 않을 것이다."

바흐만은 실망하여 아버지에게 돌아갔다. 그리고 로스탐의 답을 다시 전했다. 에스환드여르는 로스탐이 손이 묶인 채 왕에게 가는 것을 용납하지 않을 것을 알자, 로스탐에게 전쟁 준비를 하라고 전령을 보냈다.

* * *

다음 날 아침, 해가 뜬 후, 로스탐은 라크쉬를 타고 히르만드강(江) 가까이 갔다. 그는 에스환드여르에게 충고를 하여 전쟁을 막을 결심이었다. 그리하여 에스환드여르에게 이렇게 말했다:

"에스환드여르여, 자네는 오만해지셨군. 그러니 나와 싸울 수 있다고 생각을 하고 있지. 그러나 이 세상에는 나와 상대를 할 사람은 아무도 없다는 것을 아시오. 나는 수년 동안 당당하게 살고 있오. 나는 누구한테도 진 적이 없오. 자네는 젊고 경험이 없으니, 나와 싸우지 마시오. 당신 자신을 죽음으로 몰아가지 않는 것이 나을 것이오."

에스환드여르는 대답했다:

"어떤 무기도 나를 해칠 수 없는 단단한 몸을 가진 바로 그 에스환드여르요. 나는 일곱 모험을 거쳐 견고한 루인 데즈를 전부 파괴시켰소. 당신은 나한테 패배할 것을 아시오."

로스탐은 말했다:

"오 에스환드여르! 왕은 내 손에 자네가 죽으면 편안한 마음으로 자신의 왕위를 지속하기 위해 전쟁을 하도록 보냈다는 사실을 아시오."

에스환드여르는 오만함으로 두 눈이 먼 것처럼 로스탐의 충고가 (그에게) 어떤 영향도 끼치지 못했다. 그는 대꾸했다:

"용장이시여, 당신은 이런 말들로 나와 전쟁하는 것으로부터 벗어나려고 애쓰는군요. 그러나 나는 속지 않을 것이오. 자 이제 영웅이 누구이며 남자다운 전쟁이란 어떤 것인지 알 수 있도록 전쟁 준비를 하시오."

드디어 로스탐과 에스환드여르의 전쟁은 어쩔 수 없게 되었다. 로스탐에게는 전쟁 이외에 다른 방법이 없었다. 그리하여 활과 화살과 못이 달린 짧은 창을 들고 싸울 준비를 갖추었다.

얼마 지나지 않아, 두 용사는 전장에서 마치 두 마리의 사자처럼 엉켜 붙어, 땅으로부터 일어난 먼지와 흙은 하늘을 뒤덮었다. 처음에는 창으로 싸움을 시작했다. 창이 서로 부딪히며 결국은 부러질 정도로 싸웠다. 어쩔 수 없이 장검을 들었다. 장검은 공중에서 번개처럼 돌며 장검이 부딪히는 불똥은 눈에 띠게 심했다. 두 용사는 싸움에 깊이 몰두하여 피로가 들어갈 자리가 없었다. 마침내 그들의 장검도 부서졌다. 이번에는 칼과 같이 날카로운 못이 달린 창으로 서로 공격했다. 이것들조차 부서질 정도로 싸움은 길어졌다. 그러나 어느 한 사람도 지지 않았다. 창과 장검과 못이 달린 창도 부서져서 활을 손에 들고 화살을 서로 겨눌 방법 밖에 없었다. 얼마 지나지 않아 화살비가 내렸다. 로스탐의 화살들은 에스환드여르에게 아무런 효과가 없었다. 그러나 로스탐의 몸은 에스환드여르의 화살로 상처가 나고 피로 얼룩졌다.

차츰 해가 기울고 있었다. 밤은 온 누리를 껴안았다. 그리하여 로스탐과 에스환드여르는 쇠잔한 힘을 다시 축적하기 위해 휴식을 취한 후 내일 다시 싸우기 위해 전쟁을 중단했다.

에스환드여르는 강한 힘과 단단한 몸을 가지고 있는 것을 아는 로스탐은

피를 흘리며 피곤해진 자신의 몸을 알았다. 그의 아버지 절에게 가서 이렇게 말했다:

"에스환드여르는 강인한 신체를 가진 유명한 용사입니다. 내 무기는 그에게 아무런 효과가 없어요. 만일 내일 싸움터로 간다면 전 그의 손에 죽을 거예요."

절은 대답했다:

"모든 어려운 일에는 해결할 방법이 있는 거란다. 이 일은 불사조의 도움이 필요하구나."

절은 산 위로 갔다. 불을 붙이고 그 안에 불사조의 깃털을 넣었다. 얼마 지나지 않아, 밤의 어둠 속에서 불사조는 절의 옆으로 내려 왔다. 불사조는 물었다:

"무엇 때문에 그리 슬프고, 내게 무슨 용건이 있는가?"

절은 자초지종을 불사조에 다시 들려 주었다. 그리고 그에게 어려움을 해결할 방법을 물었다.

불사조는 로스탐과 라크쉬의 상처를 보았다. 주둥이로 화살들을 뽑고 깃털로 상처를 문질렀다. 한 순간에 상처가 나아졌다. 그리고 나서 로스탐에게 말했다:

"무엇 때문에 에스환드여르와 같은 용사와 싸우는가? 너는 그가 강인한 신체를 가지고 있고 어떤 무기도 그에게는 효과가 없다는 것을 알지 못했단 말인가?"

로스탐은 대답했다:

"만일 에스환드여르가 제 두 손을 묶겠다는 말을 하지 않았다면, 그와 싸우지 않았을 겁니다. 이제 이 일을 해결할 방법을 생각해 주세요."

불사조는 말했다:

"어떤 무기로도 에스환드여르는 이길 수 없다는 것을 스스로 잘 알고 있을 것이다. 그러나 그의 두 눈은 상처 받을 수 있다는 것을 알아 두어라. 오로지 이것만이 그를 패배시킬 수 있다. 반드시 갸즈나무로 끝이 두 갈래인 화살을 만들어 에스환드여르의 두 눈을 향해 쏘아라."

로스탐은 불사조가 말해 준 대로 끝이 둘로 갈라진 화살을 만들었다. 그리고 다음 날 에스환드여르와 싸우러 갈 준비를 했다.

다음 날 아침, 두 용사는 두 번째 싸움을 위해 전장으로 나갔다. 그리고는 서로 마주했다. 에스환드여르는 어떻게 로스탐의 상처가 다 나아 회복되었는지 놀랐다. 그리고 그에게 말했다:

"절이 당신에게 마술을 부렸군. 그렇지 않다면 더 이상 나와 싸울 힘이 없었을 텐데."

로스탐은 답했다:

"용사여, 신을 두려워하게. 전쟁에서 손을 떼게. 난 오늘 자네와 싸우려고 오지 않았네. 자네에게 전쟁을 멈추고 내가 수년 동안 쌓은 모든 것을 자네와 함께 나누고 평화와 우애로 그대의 아버지인 왕에게 갈 것을 청하네."

에스환드여르는 말했다:

"당신은 두려워하고 있군요. 나와 싸우는 것과 죽는 것이 두려워 말로 속임수를 쓰는 군요. 그러나 나는 속지 않을 거요."

로스탐은 그의 말과 충고가 에스환드여르에게 아무런 효과가 없다는 것을 알았다. 어쩔 수없이 화살을 활에 걸고 에스환드여르의 두 눈을 향해 조준했다. 순식간에 화살은 에스환드여르의 두 눈을 맞히고 두 눈에서는 피가 흘러내렸다. 그의 눈 앞의 세상은 어둡고 깜깜해졌다. 말에서 떨어졌다. 그의 상황을 보고 있었던 로스탐은 그의 머리 위로 가 울기 시작했다. 그리고

그에게 말했다:

"자네는 스스로 이렇게 되기를 원했소. 절과 불사조와 나는 죄가 없다네. 난 자네에게 전쟁에서 손을 떼라고 했소. 그러나 자네는 나의 말을 듣지 않고 스스로를 죽음으로 던졌구려."

이제 자신이 한 일에 대해 후회를 하게 된 에스환드여르는 로스탐을 보며 말했다:

"용감한 용사여, 나는 스스로 오만했소. 당신의 충고를 받아들이지 않았소. 나는 당신의 상대가 될 수 있다고 생각했었소. 그러나 이제 운명은 나를 이렇게 해 놓았군. 당신에게 청이 있어요. 내 아들을 저볼레스턴으로 데리고 가 전술을 그에게 가르쳐 주시오. 그 아이를 당신과 같이 힘이 센 용사로 만들어 주시오."

로스탐 또한 그의 원대로 하겠다고 약속했다.

다음 순간, 피로 물든 얼굴을 한 채 땅에 쓰러져 있던 에스환드여르는 숨이 멈췄다.

제6과
씨여바쉬의 죽음

　씨여바쉬는 투런의 왕 아프러씨엽의 아름답고 친절한 딸 화랑기쓰와 결혼을 하고 그곳에서 지낸 시간이 어느 정도 흐르고 있었다. 시간이 흐름에 따라, 아프러씨엽과 그의 현명한 대신은 씨여바쉬에 대한 관심이 더 해갔다. 그들은 씨여바쉬를 자신의 자식처럼 좋아했다. 단지 아프러씨엽의 동생, 갸르씨바즈만 씨여바쉬가 투런으로 온 것에 만족하지 못했다. 그는 발크전(戰)에서 씨여바쉬에게 무참히 패배한 이유로 그에 대해 많은 저주를 마음 속에 품고 있었다. 그리하여 항상 자신도 그에 관해 나쁘게 말 할 뿐 아니라 아프러씨엽과 투런의 다른 지휘관들도 나쁘게 보도록 애썼다.

　어느 날 아프러씨엽은 씨여바쉬에게 이렇게 말했다:

　"나의 아들아! 나는 네가 투런 땅에 큰 도시를 건설하고 나의 딸 화랑기쓰와 그곳에 가서 지내며 그 도시의 영주가 되었으면 한다."

　씨여바쉬는 아프러씨엽의 말을 받아들이고 서둘러 푸르른 산 어귀에 크고 아름다운 도시를 건설하기 시작했다. 도시가 건설되자, 씨여바쉬게르드라고 이름지었다. 씨여바쉬는 아름다운 그 도시에 훌륭한 궁전을 짓고, 화랑기쓰와 함께 그곳으로 갔다.

　씨여바쉬에 대한 아프러씨엽의 총애는 나날이 갸르씨바즈의 시기를 더해 더 이상 씨여바쉬를 보고 있을 수 없게 되었다. 이어 그는 씨여바쉬를 없애 버릴 생각을 했다.

어느 날 아프러씨엽은 갸르씨바즈에게 말했다:

"나의 헌신적인 동생아! 난 네가 씨여바쉬게르드로 갔으면 한다. 며칠 동안 나의 딸과 사위와 그곳에 있으면서 그들의 상황을 알아 다오."

갸르씨바즈는 자신의 기마병들 가운데 1000명을 뽑아 씨여바쉿게르드로 향하게 했다. 씨여바쉬는 갸르씨바즈가 온다는 소식을 듣자, 그를 맞으러 가 따뜻하게 환영했다. 그리고 그를 자신의 아름다운 궁전으로 데리고 갔다.

다음 날 도시 전체를 갸르씨바즈에게 보여 주었다. 도시의 아름다움을 보자 갸르씨바즈는 부러움이 더했고 혼잣말을 했다:

"이런 상황이라면, 씨여바쉬는 누구보다도 빨리 아프러씨엽왕과 가까워질 거야. 빨리 손을 써서 계략을 꾸며야겠어."

세 번째 날, 씨여바쉬는 갸르씨바즈와 사냥을 갔다. 사냥에서 돌아온 후, 갸르씨바즈는 씨여바쉬를 향해 말했다:

"씨여바쉬여! 자네는 매우 위대한 용사다. 나 또한 투런에서 가장 용감하고 훌륭한 용사다. 나는 자네와 몸싸움[689]을 해서 자네를 눕히고 싶네."

그러나 씨여바쉬는 갸르씨바즈를 땅에 눕혀 승리하게 되어 자신에 대한 화를 더하고 싶지 않았다. 그는 말했다:

"위대한 용사여! 당신은 투런의 지휘자이며 위대한 용장이며 아프러씨엽왕의 동생이십니다. 저는 당신을 매우 좋아합니다. 그래서 당신과 몸싸움을 하고 싶지 않습니다. 만일 원하신다면 당신의 용감한 용사들 중 저와 싸울 두 사람을 선택하십시오."

갸르씨바즈는 즉시 가장 힘이 세고 강인한 용사들 중에서 두 명을 뽑았다. 모두 이 우호적인 싸움의 결과를 기다리고 있었다. (씨여바쉬가) 틈을 보인 두 전사를 들어 순식간에 힘차게 땅에 내려치는 것을 본 갸르씨바즈는 씨여

---

[689] 본래 의미는 '레슬링'이지만, 역사적 배경에 맞추어, 여기서는 '몸싸움'으로 해석함.

바쉬의 힘에 놀랐다. 그리고는 생각에 잠겼다.

갸르씨바즈는 그 다음 날, 씨여바쉬가 아프러씨엡 왕에게 보내는 많은 선물들을 가지고 투런의 수도인 걍을 향해 출발했다. 수도에 도착한 후, 지체하지 않고 아프러씨엡 왕에게 가서 말했다:

"사랑하는 형님! 씨여바쉬는 형을 배신하려고 해요. 그는 이란 인들과 내통을 하고 있어요[690]. 많은 군사를 준비해 놓고, 우리를 공격해 투런을 정복할 적당한 기회를 노리고 있어요."

아프러씨엡은 동생의 말을 듣고 씨여바쉬를 나쁘게 보게 되었다. 그리고 갸르씨바즈에게 말했다:

"나는 그를 시험해 보아야겠다. 만일 네 말이 맞는다면, 이란으로 돌아가도록 그를 투런에서 내 쫓아야겠다."

그러나 씨여바쉬를 죽일 생각만 하고 있었던 갸르쓰바즈는 말했다:

"아닙니다. 형님! 씨여바쉬는 이 모든 비밀을 알고 있어요. 우리들의 비밀이 케이커부쓰의 귀에 들어가서는 안됩니다. 그렇지 않으면 그가 우리를 패배시킬 거예요."

갸르씨바즈의 말을 받아들인 아프러씨엡은 대답했다:

"그래 아우야! 맞는 말이다. 만일 그가 나를 배신한다면 반드시 그를 죽이겠다. 지금 넌 씨여바쉬게르드로 가서 그에게 말해라. 즉시 내게 오라고. 나는 그의 생각을 알고 싶구나."

오랫 동안 그와 같은 기회를 기다리고 있었던 갸르씨바즈는 곧 바람 같은 말을 타고 씨여바쉬게르드로 출발했다.

갸르씨바즈는 도착하자마자, 젊은 씨여바쉬에게 가서 이렇게 말했다:

"씨여바쉬여! 아프러씨엡왕은 자네가 (그가 있는) 수도로 와 주기를 원하

---

[690] 이란어 원문을 직역하면, 그는 밀사단을 이란으로 보내고 있다 라는 의미임.

고 있네."

이런 말을 듣고 씨여바쉬는 매우 기뻐했다. 즉시 수도로 갈 결심을 했다. 씨여바쉬가 아프러씨엽에게 가면 자신의 모든 계략이 헛되게 될 것을 알고 있었던 갸르씨바즈는 계략을 꾸몄다. 그리고는 말했다:

"씨여바쉬여! 아프러씨엽은 자네를 나쁘게 보고 있네. 그래서 자넬 죽일 결심을 했어. 왕은 자네를 죽이려고 수도로 오기를 원하고 있다네. 이제 왕에게 한 통의 편지를 쓰게. 왕에게 가는 것에 대해 핑계를 대어 그를 달래 주게. 아마도 얼마 지나면 자신의 결심을 바꾸게 될 걸세."

교활한 갸르씨바즈의 말을 믿은 순수한 마음을 가진 씨여바쉬는 아내인 화랑기쓰가 아파서 수도로 갈 수 없다는 핑계를 설명하는 편지 한 통을 (아프러씨엽에게) 주도록 갸르쓰바즈에게 주었다. 자신의 목적이 차츰차츰 이루어지고 있는 성질 나쁜 갸르쓰바즈는 곧 아프러씨엽에게 가서 씨여바쉬의 편지를 전했다. 그리고 이와 같이 거짓말을 했다:

"형님! 씨여바쉬는 배신할 작정을 하고 있다는 것을 말한 적이 있지요. 그는 큰 군대를 이끌고 우리를 공격할 결정을 하고 이 편지도 형님을 속이려고 썼어요."

자만과 화의 불이 눈을 멀게 한 아프러씨엽은 그들에게 이와 같이 명령했다:

"많은 군사들을 준비시켜라. 나는 씨여바쉬게르드로 가서 배신자 씨여바쉬에게 배신의 대가를 알려 주고자 한다."

한편, 씨여바쉬는 다정한 아내 화랑기쓰에게 가서 자초지종을 설명했다. 아버지를 잘 알고 있는 화랑기쓰는 말했다:

"친절한 나의 남편이여! 저는 아버지를 잘 알고 있어요. 아버지의 화가 불붙으면 어느 누구도 그것을 꺼버릴 수 없답니다. 당신은 아프러씨엽 왕을 벗어나 목숨을 구하기 위해서는 투런을 떠나 어서 이란으로 돌아가세요."

다른 방법이 없었던 씨여바쉬는, 아내에게 작별인사를 하고 말에 올라 이란을 향해 떠났다.

아직 씨여바쉬가 도시로부터 멀리 벗어나지 못했을 때 아프러씨엽의 군대와 마주쳤다. 그는 아무리 자초지종을 그에게 설명하려고 애를 써도 소용이 없었다. 아프러씨엽왕은 군사들에게 그를 공격하여 사슬과 틀로 묶으라고 명했다. 씨여바쉬는 건장한 용장이었다. 그는 자신이 그들에게 장검을 휘두르지 못하도록 아프러씨엽이 실수를 한 것이라고 알고 있었다. 그리하여 씨여바쉬는 자기 자리에서 벌떡 일어났다. 그러자 올가미를 가지고 있던 기마병들은 씨여바쉬에게 사슬과 틀을 끼었다. 아프러씨엽 역시 즉시 그의(이란인 젊은이의) 머리를 몸에서 베라고 명령했다. 그리고 나서 그의 군대들과 씨여바쉬게르드를 공격하여 그 도시를 점령한 후, 씨여바쉬의 임신한 아내 화랑기쓰를 감옥에 넣으라고 명했다.

씨여바쉬의 굴욕적인 죽음에 관한 소문은 투런과 이란 온 지역으로 전해졌다. 씨여바쉬가 아버지라고 부르던 로스탐은 그 즈음, 저볼레스턴에서 지내고 있었다. 씨여바쉬의 굴욕적인 죽음에 대한 소식을 듣고 매우 슬퍼했다. 그리고는 7일간 애도기간으로 명을 내렸다. 8일째 되는 날 많은 군사를 데리고 씨여바쉬의 피의 대가를 치르기 위해 나섰다.

수도에 닿은 후 케이커부쓰의 궁전으로 갔다. 이란의 용장들은 용사 로스탐을 보자 그를 환영하기 위해 서둘렀다. 그는 궁전으로 들어간 후, 케이커부쓰의 아내인 쑤더베에게 갔다. 마음이 순수한 씨여바쉬의 모든 불행의 원인이었던 그녀를 한번의 장검의 휘두름으로 없애 버렸다. 그리고 나서 군사들과 투런 땅 근처에 있는 씬접도시를 향해 출발했다. 로스탐의 아들인 화러마르즈는 씬접의 영주였다. 로스탐은 씬접을 경유해서 투런 땅으로 공격하리라 결정했다.

한편 아프러씨엽은 씨여바쉬를 죽인 후, 자신의 아들 쏘르케에게 씬접도시를 공격하여 로스탐의 아들 화러마르즈를 없애버리라고 명했다. 이렇게 하여 아프러씨엽의 아들 쏘르케는 3만명으로 된 군대를 이끌고 씬접을 공격했다. 쏘르케를 지휘관으로 한 투런의 군대가 공격을 한다는 소식이 로스탐과 화러마르즈에게 들렸다. 많은 군사들로 이루어진 이란군대는 그들을 향해 갔다.

양국 군사들은 서로를 마주하고 줄을 섰다. 쏘르케가 앞으로 왔다. 화러마르즈를 싸움으로 끌어 들였다. 화러마르즈는 그를 향해 말을 몰았다. 창을 가진 쏘르케는 화러마르즈의 허리를 향해 휘둘렀다. 그러나 그에게 아무런 영향을 끼치지 못했다. 용감한 화러마르즈는 쏘르케의 허리를 잡아 말에서 땅으로 팽개쳤다. 그리고 난 후 말에서 내려와 단도로 그의 목을 베었다. 자신의 지휘관이 죽는 것을 본 투런 군사들은 매우 두려워 했다. 싸움을 멈추고 수도로 돌아갔다.

아프러씨엽은 아들의 죽음으로 투런 군의 패배를 들었을 때 많은 군사들을 준비시켜 이란을 향해 출발했다.

로스탐은 아프러씨엽군대가 다시 공격을 한다는 것을 알았을 때 이란군사들을 그들을 향해 데리고 갔다. 이란군의 맨 선두에 선 로스탐과 투런 군의 가장 앞에 선 아프러씨엽은 서로를 향해 전진해 오고 있었다. 그들 뒤를 이어 기마병들과 용사들과 투창을 든 군사들이 따랐다. 두 군대는 서로를 마주하고 멈췄다.

투런의 가장 위대한 용사며 피런의 형제인 필쌈은 아프러씨엽 왕에게 와서 이와 같이 말했다:

"위대한 왕이시여! 제가 로스탐과 몸싸움으로 그를 영원히 사라지게 하도록 허락해 주십시요."

아프러씨엽은 그의 말에 기뻐하며 말했다:

"필쌈이여! 만일 자네가 로스탐을 없애버린다면, 우리는 편안히 이란을 이기게 될 것이요. 나는 이란을 지휘하는 용장으로 자네를 임명할 것이오."

필쌈은 말을 타고 이란 군 가까이 가서 소리를 질렀다:

"용사 로스탐은 어디 있는가! 영원히 없애버리려고 내가 왔다."

로스탐은 그의 말을 듣자 지체하지 않고 바람 같은 말에 올라 그의 발이 라크쉬가 되어 그를 향해 공격했다. 두 용사의 말발굽에서 일어나는 먼지는 온 광장을 어둡게 만들었다. 군사들은 이 전투의 결과를 보기 위해 기다렸다. 잠시 두 용사는 곤장과 장검으로 서로를 공격했다. 그러나 휘둘러도 아무런 효과가 없었다. 갑자기 로스탐이 큰 소리로 외쳤다. 그의 창을 필쌈을 향해 던졌다. 창은 그의 갑옷을 뚫고 몸에 박혔다. 그리고 난 후 말에 타고 있는 필쌈을 창으로 치켜 들고 자신의 머리 위에서 돌렸다. 그리고 그를 아프러씨엽 군사들을 향해 던졌다.

투런 군들은 아군의 가장 위대한 용장의 죽음을 보고 사기가 떨어져 매우 두려워했다. 로스탐은 이란 군사들에게 명했다. 두 군대 사이의 치열한 전쟁은 시작되었다. 로스탐과 화러마르즈와 다른 이란 용사들은 투런 군을 각 방향에서 공격하여 그들을 흙과 피로 물들였다.

자신의 군사들이 죽는 것을 목격한 아프러씨엽은 장검을 들고 이란 군의 정면을 공격했다. 이란 전사들의 일부가 죽었다. 용사 투쓰는 이란 군의 정면이 아프러씨엽의 공격의 영향으로 약화된 것을 알았을 때 로스탐에게 가 그에게 상황을 설명해 주었다. 로스탐은 지체하지 않고 (이란 군의) 정면으로 향해 공격했다. 아프러씨엽을 보자 그를 공격했다. 매우 치열한 전쟁은 그 둘 사이에 시작되었다. 아프러씨엽은 창을 위로 들고 온 힘을 다해 강렬한 휘두름을 로스탐을 향해 가했다. 그러나 이 휘두름은 로스탐에게 아무런 영향을 미치지 못했다. 창을 가진 로스탐은 아프러씨엽의 투구를 향해 박았다. 아프러씨엽은 로스탐의 강렬한 가격(加擊)에 현기증을 느끼고 말에서 땅으로 떨어지기 일보직전이었다. 그러자 아프러씨엽의 대신 호먼을 로스탐에게 보냈다. 그는 곤봉으로 로스탐의 어깨를 강하게 휘두르고 도망갔다. 로스탐은 아프러씨엽과의 싸움을 멈추고 호먼의 뒤를 따라 가기 시작했다. 그렇지만 호먼은 몸을 전사들 사이에 숨겼다. 이렇게 하여 아프러싸엽은 로스탐으로부터 안전하게 목숨을 건질 수 있었다. 투런의 전사들은 도망쳤다. 이란 군사들은 그들의 뒤를 쫓아 투런 땅으로 들어갔다. 아프러씨엽과 다른 지휘관들을 중국해로 몰자 그들은 바다를 향해 도망갔다. 이리하여 투런 나라는 영웅 로스탐의 손에 정복되었다.

제7과
로스탐과 보르주

　아프러씨엽 왕은 투런 군이 이란군사들에게 패배를 당하자, 어느 날 슬프고 지친 상태로 수도로 돌아오고 있는 중 이었다. 도중에 쏭건이라는 번성한 지역에 닿았다. 그는 며칠 동안 그곳에 머물기로 결정했다. 그 주위를 돌아보며 구경을 하던 중, 강인한 힘과 건장한 체격의 한 젊은이를 보게 되었다. 젊은이는 단련된 팔뚝과 두꺼운 가슴에 굵은 목과 큰 키를 가지고 있었다.

　아프러씨엽은 훌륭한 체격의 젊은이를 보자 생각에 잠겼다. 동반한 숙련된 용사들 중 한 용사에게 즉시 젊은이를 자신에게 데리고 오라고 명했다.

　용사는 말을 타고 젊은이에게 달려 갔다. 그에게 이르러 말했다:

　"여보게 젊은이! 투런의 아프러씨엽 왕에게 가야 하니 어서 준비하게. 왕께서 즉시 오라고 명령하셨어."

　투런 용사의 무례하고 빠른 어조에 젊은이는 불쾌한 나머지 말했다:

　"만일 당신의 왕이 내게 볼일이 있다면 스스로 여기로 오는 것이 좋겠소."

　이런 말을 들은 용사는 화가 나서 그를 복종하도록 하기 위해 장검을 들었다. 젊은이는 이런 광경을 보고, 재빨리 손에 들고 있던 큰 나무 몸체를 그를 향해 던졌다. 투런 용사는 젊은이의 믿을 수 없는 힘을 보고 줄행랑을 쳤다.

멀리서 상황을 목격한 아프러씨엽 왕은 대단히 불쾌해 하며 자신의 대신인 피런에게 말했다:

"이 젊은이의 버릇을 고쳐 더 이상 투런 용사들에게 무례하게 굴지 않도록 만들어야겠군."

총명하고 경험이 많은 대신 피런은 답했다:

"왕이시여! 그처럼 용감하고 힘이 강한 젊은이는 우리들에게 매우 유용할 것이라고 생각합니다."

아프러씨엽 왕은 피런의 말을 받아들였다. 그러자 피런은 자신이 가서 그를 데리고 오겠다고 했다. 피런은 젊은이에게 갔다. 그리고 존경심을 다해 예의를 갖춰 인사를 하고 말했다:

"대단하오. 젊은이! 자네는 정말 그들에게 좋은 훈련을 시켰어. 우리의 왕은 자네의 용감한 행동을 칭찬하고 계시오. 그래서 나를 자네에게 보냈다오."

피런의 예의 바른 어조를 본 젊은이는 그의 청을 받아들여 아프러씨엽 왕에게 갔다.

아프러씨엽 왕은 젊은이를 보자 기뻐했다. 그리고 예의를 갖춰 마주했다. 그리고 난 후, 그를 위해 멋진 옷을 준비하고 매우 많은 선물을 그에게 대접하라고 명을 내렸다.

그리고 나서 젊은이를 향해 말했다:

"건장한 젊은이여! 자네의 이름이 무엇인가? 그리고 이곳에서 무엇을 하고 있나?"

젊은이는 미소를 지으며 말했다:

"저의 이름은 보르주입니다. 이 평야에서 농사를 짓고 있습니다."

아프러씨엽은 친절하게 말했다:

"능력 있고 용감한 통치력과 넓은 이 땅의 군대를 지휘할 내 후계자를 찾고 있는 게 얼마 되었다. 자네 같은 힘있는 젊은이를 찾은 것이 운명인가 보다. 나의 군 지휘를 맡을 준비가 되었는가?"

이 제안을 듣고 기쁜 보르주는 말했다:

"왕이시여! 저는 당신의 명령대로 순종할 것입니다. 당신의 곁에서 헌신적인 군사로서 싸우고 싶습니다."

아프러씨엽 왕은 다정하고 친절한 어조로 말했다:

"대단하구나 용사여! 이제 전술을 배워 큰 전쟁터에서 싸우는 법을 익혀야만 한다."

보르주는 짧은 시간에 전술을 전술가들에게 배웠다. 그리고 용감한 용사가 되었다. 드디어 아프러씨엽은 그를 지휘로 한 많은 군사들을 이란과 싸우도록 보냈다. 보르주는 이란 땅에 입성하여 이란 국경에 있던 모든 용사들을 패배시켰다. 투런이 공격했다는 소식을 이란 왕 케이커부쓰는 들었다. 그는 곧바로 이란 용사들 중의 투쓰와 화리보르즈, 두 사람을 많은 군사들과 함께 보르주와 싸우러 보냈다.

이란과 투런의 두 군대는 서로 마주하고 줄을 만들었다. 보르주는 이란 군대를 바라보며 건방지게 말했다:

"너희들 중 누가 감히 나와 싸울 망상을 한 자가 있느냐?"

투쓰와 화리보르즈는 보르주가 건방을 떨어 화가 치밀어 그를 공격했다. 이 두 용장의 곤봉과 장검의 휘두름은 보르주의 몸에 아무런 영향을 미치지 못했다. 적당한 기회에 보르주는 그들 두 사람의 곤봉을 잡아 땅에 팽개쳤다. 그러고 난 후, 그들의 손을 묶어 투런 군의 포로로 보냈다. 이란 군이 졌다는 소식과 이란의 두 용장이 포로가 되었다는 소식은 케이커부쓰를 매우 불쾌하고 걱정스럽게 만들었다. 그는 용사들 중 용사인 다스턴 가문의 로스탐에게 도움을 청하는 것 이외에는 다른 방법이 없었다. 그리하여 로스탐을 알아보기 위해 전령을 저볼레스턴으로 보냈다. 전령이 온 후 케이커부쓰의 서신을 읽고 타함탄[691]은 도움을 줄 동반자들과 동료들 몇 명과 전쟁터로 떠났다.

로스탐이 이란 군대에 도착했을 때, 날은 어두워져 있었다. 그는 어둠을 이용해 이란 군 용장 중 한 사람과 함께 몰래 투런 군 가까이 갔다. 망을 보는 군사 몇 명을 죽이고 난 후 이란인 포로들이 있는 천막으로 가 이란인 용장, 투쓰와 화리보르즈를 데리고 이란 막사로 왔다. 로스탐에 의해 이란인 포로 두 용사가 도망갔다는 소식이 보르주에게 알려졌다. 그는 화가 끓어 올라 말을 타고 이란 군을 향해 달렸다. 큰 소리로 말했다:

"숫돼지처럼 밤에 공격하고 낮에는 몸을 숨기는 로스탐이 누구냐?"

보르주의 말은 타함탄을 화나게 만들었다. 재빨리 라크쉬에 올라 탄 그는 바람처럼 보르주를 향해 서둘렀다. 그리고 화가 나서 소리를 질렀다:

"내가 위대한 다스턴 가문의 로스탐이다. 그래, 용사 중의 용사이며, 절의 아들 로스탐이다. 너의 허풍에 대해 장검으로 답할 것이다."

로스탐의 답에 화가 난 보르주는 자신의 창으로 그를 공격했다. 로스탐도 장검으로 그를 대항하여 두 용사의 싸움은 시작되었다. 많은 시간이 지났다. 두 사람 역시 싸움에 열중하고 있었다. 둘 다 끝나지 않는 싸움으로 지쳤다. 한 순간 로스탐의 말이 웅덩이에 빠져 균형을 잃자, 보르주는 기회를 잡아 곤봉을 들어 로스탐의 머리를 향해 내려 박았다. 로스탐은 재빨리 방패로 막아 방패는 부서지고 곤봉은 로스탐의 어깨를 맞혔다. 세상의 명장 타함탄의 눈은 깜깜하고 어두워졌다.

아픔이 밀려오는 로스탐은 보르주에게 말했다:

---

[691] 로스탐의 다른 이름.

"오 젊은이! 너무 늦었네. 우린 둘 다 지쳤다. 내일 싸움을 계속하기 위해서 지금 멈추는 것이 좋겠다."

지친 보르주도 로스탐의 제안을 받아들였다. 그리고 두 용사는 싸움을 중지하고 각자 군대로 돌아갔다.

죽을 뻔 했지만, 간신히 목숨을 건진 로스탐은 기뻤다. 그는 케이커부쓰 왕에게 가 자초지종을 설명해 주었다. 왕은 로스탐의 부러진 어깨를 보고 불쾌했다. 그리고 말했다:

"용감한 이 젊은이를 어떡해 패배시킬 수 있을지 모르겠다."

바로 그 때 다른 군사들과 로스탐의 아들, 화러마르즈가 근처에서 야영을 하고 있다는 소식이 들렸다. 케이커부쓰와 로스탐은 이 소식을 듣고 기뻐했다. 화러마르즈는 아버지 로스탐을 만나러 왔다. 로스탐은 보르주의 용맹을 그에게 말하고 내일 싸움터로 가 자기 대신 보르주와 싸울 것을 청했다.

다음 날, 화러마르즈는 로스탐의 갑옷을 입고 얼굴을 덮는 투구를 쓴 채로 라크쉬에 타고 싸움터를 향해 갔다. 보르주는 얼굴까지 가린 생소한 용사를 보고 놀라서 말했다:

"당신이 로스탐이요? 왜 얼굴까지 가렸소?"

화러마르즈는 대답했다:

"내 투구에 상관마시오. 묻지 마시오. 아마도 나와 싸우는 것이 두려워 핑계를 찾고 싶은가 보오."

의심을 갖게 된 보르주는 말했다:

"당신이 누구인지는 내게 중요치 않소. 당신이 누구든 나와의 싸움에서 패배가 분명하니."

화러마르즈는 건방지게 말했다:

"어제 마지막 순간에 네가 곤봉으로 나를 공격했으니 지금은 곤봉으로 너를 공격할 내 차례다."

그러고 나서 곤봉을 들어 공중에서 휙 돌리고 나서 보르주의 허리를 쳤다. 보르주가 말에서 떨어졌다.

화러마르즈는 여지를 두지 않고 올가미를 풀어 그의 손들을 묶어 그를 이란 막사로 데리고 왔다. 지휘관을 잃은 투런 군사들은 화가 나서 이란 군대를 향해 공격했다. 화러마르즈의 승리로 기쁘고 사기가 오른 이란 군사들은 투런 군사들 중 많은 수를 죽였다. 화러마르즈는 보르주를 케이커부쓰에게 데리고 갔다. 보르주때문에 화가 난 케이커부쓰는 그를 죽이라고 명했다. 보르주의 용맹과 용기를 매우 잘 기억하고 있던 로스탐은 그를 용서해 줄 것을 왕에게 청했다. 케이커부쓰는 로스탐의 청을 받아들여 보르주를 로스탐에게 인계했다. 로스탐은 화러마르즈에게 저볼레스턴으로 끌고가 그를 잘 지키라고 청했다.

한편, 투런 군대가 패배하고 보르주가 그곳에 잡혀있다는 소식이 들렸다. 아들을 걱정하는 보르주의 어머니는 아들을 찾아오기 위해 이란으로 떠났다. 여기 저기 탐색한 후, 아들이 갇혀 있는 장소를 찾아냈다. 그녀는 대상인을 따라 저볼레스턴으로 향했다. 저볼에 닿았을 때, 지치고 배가 고팠다. 보석을 팔아 돈을 마련하여 음식을 사기 위해 금세공사에게 갔다. 절망한 상태로 괴로워하는 노파를 본 보석상은 근심하는 이유를 물었다.

보르주의 어머니는 자신이 처한 상황을 그에게 말했다. 보석상은 노파에게 기쁘게 말했다:

"친절한 어머니! 괴로워하지 마세요. 아드님이 살아 있으니까요. 저볼성(城)에 갇혀 있어요. 이제 저의 집으로 와서 피곤을 푸시기를 원합니다."

노파는 보석상의 집으로 갔다. 보석상은 보르주의 어머니에게 말했다:

"우리 집을 왕래하는 어린 하녀가 있는데 보르주를 보살펴 주고 있어요.

당장 이 어린 하녀를 당신에게 데려갈게요."

노파는 어린 하녀를 만나자, 젊은 죄수에 대해 말해 보라고 원했다. 그녀는 젊은이의 특성을 노파에게 말해 주었다. 노파는 자기 아들인 보르주인 것을 확신했다. 아들을 도망치게 하려는 목적을 가지고 있는 보르주의 어머니는 자신을 도와달라고 그녀에게 원했다. 당시 보르주에게 관심을 가지고 있던 그녀 역시 그러마고 했다.

보르주의 어머니는 아들에게 가지고 갈 끈 한 개와 올가미와 징표가 되는 보석을 그녀에게 주었다. 어린 하녀가 보르주에게 음식을 주기 위해 감옥으로 들어가서 노파를 만난 이야기를 그에게 설명해 주었다. 보르주는 어머니의 반지를 보자 그녀의 말을 믿고 그녀를 신임했다.

하녀는 서둘러 보르주를 묶은 줄을 풀고 둘은 함께 성을 도망쳤다. 몇 필의 말을 준비한 보르주의 어머니는 성 밖에서 그들을 기다리고 있었다. 아들 보르주를 보자마자, 기쁨에 넘쳐 아들을 만나게 해 준 신의 은총에 감사드렸다.

세 사람은 투런을 향해 떠났다. 어떤 언덕 근처에 닿을 때까지 온종일 달렸다. 갑자기 멀리서 많은 군사가 나타났다. 그들은 저볼레스턴으로 향하던 로스탐과 그의 군사들이었다. 로스탐은 멀리서 언덕 위에 있는 세 사람을 보았다. 세 사람은 말에서 내려 암벽 뒤에 숨었다. 로스탐은 그들을 데리고 오라고 용사 중의 한 사람을 보내 언덕 위로 가게 시켰다.

보르주는 자신들을 향해 말을 타고 오는 것을 보자 자리에서 일어나 그를 향해 큰 소리로 말했다:

"너는 누구냐. 우리에게 무엇을 원하느냐?"

그는 말했다:

"두 여인과 있는 너는 이곳에서 무엇을 하느냐? 나와 함께 로스탐에게 가야만 하겠다."

보르주는 답했다:

"로스탐은 나와 싸울 힘이 없다."

그 말과 더불어 자신의 장검을 칼집에서 꺼내 그를 죽였다. 멀리서 이 장면을 보고 있던 로스탐은 재빨리 그곳으로 갔다. 한 눈에 보르주인 것을 알아보았다. 화가 나 말했다:

"너는 나와 싸워 죽을 운명이다. 그러니 싸울 준비를 해라."

보르주 또한 싸울 준비가 되었다.

두 용사는 두 번째를 위해 서로 마주 섰다. 격렬한 싸움은 시작되었다. 둘은 모든 용기와 용감을 다해 싸우고 있었다. 갑자기 로스탐은 적절한 기회를 포착해 보르주를 땅에 떨어뜨리고 그의 가슴에 올라탔다. 지체하지 않고 그의 목을 베기 위해 단도를 꺼냈다. 갑자기 보르주의 어머니가 소리를 질렀다:

"다스턴 가문의 로스탐이여! 됐어요. 그 아이 아버지를 죽였잖아요, 그것으로 충분하지 않나요? 이제 그의 아들마저 죽이려 하나요?"

로스탐은 이 말을 듣고 놀라 노파를 쳐다 보며 말했다:

"그 말이 무슨 의미요?"

노파는 답했다:

"이 청년이 쏘흐럽의 자식이란 것을 아시오. 그래요, 당신의 손자랍니다."

로스탐은 부끄러웠다. 아들 쏘흐럽이 죽은 기억이 다시 그의 눈 앞에 생생했다. 괴로워하며 단도를 구석으로 던지고 울기 시작했다. 노파는 보르주가 태어났을 때 쏘흐럽에게 받았던 로스탐이 준 보석을 그에게 보여 주었다. 로스탐은 자신의 팔목에 묶는 띠를 보자 쏘흐럽의 기억에 잠겼다. 자신의 손자 보르주를 품에 얼싸 안고, 쓰다듬었다. 그러고 나서 하늘을 향해 자신의 두 손을 보르주의 피로 물들이지 않은 것을 위대한 신에게 감사했다.

제8과
자허크와 대장장이 커베

  '마르더쓰'는 다쉬테 싸버런 지역의 영주였다. 그곳을 푸르고 풍성한 지역으로 이끌어가고 있었다. 그는 현명하고 친절한 영주였다. 그리하여 백성들은 즐겁고 행복하게 살고 있었다. 그러나 '자허크'라는 이름을 가진 그의 아들은 성격이 고약하고 나쁜 젊은이였다. 그는 백성들에게 나쁘게 행동하며 오만하고 도도하게 자신을 다른 사람들보다 더 높은 위치에 있는 것으로 알고 있어 모든 사람들을 조롱하곤 했다. 점점 이러한 용납할 수 없고 흉한 행위의 여파로 악마도 그의 친구가 되었다. 그리하여 비인간적인 나쁜 관습을 그에게 가르쳤다. 그를 흉측한 일을 하도록 안내했다.
  어느 날, 악마는 (자신을) 유령으로 변해 자허크에게 와서는 살며시 그의 귀에 대고 속삭였다:
  "자허크여! 능력 있고 현명한 젊은이여! 당신의 아버지 마르더쓰는 늙고 일을 하지 않아 더 이상 통치할 수 없다는 것을 아세요. 그는 능력이 부족하고 생각이 둔하게 되었어요. 그리고 통치권을 잃을 거예요. 당신은 왕으로써 당신의 아버지보다 훌륭하다는 것을 알아 두세요. 그러니 그를 없애고 (그의) 후계자가 되도록 힘쓰세요."
  자허크는 생각에 잠겼다, 마귀가 한 소리가 계속 그의 귓가를 맴돌고 있었다. 그로 하여금, 아버지 마르더쓰를 이어 (그의) 후계자로 그를 죽이기 위해 음모를 꾸몄다. 자허크는 며칠 동안 고민을 하고, 마침내 마귀의 유혹에 휘말렸다. 그리고 스스로 결심을 했다. 그의 명령대로, 동료들과 군사들은 깊은 웅덩이를 아버지가 다니는 길에 팠다. 그리고 독을 묻힌 창살들을 그 안에 넣고, 그 위를 나무 가지와 잎으로 덮어 놓았다. 그 다음날 마르더쓰왕이 궁전을 나섰다. 말을 타고 가다 그 안에 빠져 심장이 독이 묻은 창살에 박혔다. 이렇게 하여 압제자 자허크는 다쉬테 싸버런의 왕이 되었다. 마르더쓰의 뒤를 잇게 된 것이다.

어느 날 악마는 청년의 모습으로 변해 자허크에게 왔다. 그는 자신을 유능한 요리사라고 소개했다. 그는 자허크에게 궁전에서 요리를 만드는 일을 하도록 허락해 달라고 원했다. 자허크는 그의 제안을 받아드리고 요리를 하는 일을 그에게 맡겼다. 그 때부터 맛있는 악마의 음식들을 요리하여 자허크의 배를 부르게 했다. 자허크를 인간적인 기질과 성격에서 멀어지게 만들었다. 그리고 악마의 성질을 그에게 습득시켰다.

얼마 동안이 흐른 후, 언제나 자허크를 속이려는 의도를 가진 악마는 이번에도 새로운 계략을 가지고 그에게 와서 말했다:

"위대하신 왕이시여! 저는 당신의 요리사입니다. 지금까지 궁전에서 일하고 있는 것이 몇 달이 됩니다. 왕께서는 그 동안 제가 요리한 음식을 드시고 대단히 만족하셨습니다. 이제 저는 이곳을 떠나 제 고향으로 돌아가려고 합니다. 그러나 그 동안의 대가와 보상대신 간청이 하나 있습니다."

자허크는 말했다:

"자넨 유능하고 좋은 요리사다. 난 자네의 요리를 좋아하지. 자, 이제 자네가 가진 간청은 무엇이든지 내가 들어 주겠네."

요리사는 말했다:

"당신의 어깨에 입맞춤을 할 수 있도록 허락해 주시기를 원합니다."

자허크는 그러마고 했다. 요리사는 그의 어깨에 입맞춤했다. 그리고는 그 자리에서 사라졌다. 악마가 사라지자 마자 자허크의 두 어깨 위에서는 대단히 무서운 뱀 두 마리가 자라났다. 모두를 공포로 이끌었다. 자허크의 명령으로 그것들을 어깨 위에서 잘랐다. 그러나 두 마리가 죽자 마자 나무 가지들처럼 어깨 위에서 다시 돋아났다. 다른 두 마리 뱀은, 자허크 어깨 위에 모습을 드러냈다. 뱀을 없애고 자허크의 치료를 위해 유능한 의사들을 찾으러 신하들을 보냈다. 그 나라에서 경험을 가진 모든 의사들을 궁전으로 모았다. 그러나 아무도 자허크의 병을 치료할 수 없었다. 드디어 악마는 유능한 의사모습으로 변하여 그에게 와서 말했다:

"위대하신 왕이시여! 저는 뱀을 없애는 왕을 치료하는 방법을 알고 있습니다. 이전의 의사들은 아무도 할 수 없었습니다. 그러나 저는 오늘 당신을 치료할 수 있는 약을 드리겠습니다."

그와 같은 말에 기다리지 않고 자허크는 말했다:

"자네는 다른 모든 의사들보다 좋다고 나는 생각한다. 어떤 약을 말해도 난 다 먹을 것이다. 이 뱀들로부터 벗어나기 위해 난 자네가 무슨 말을 하든 다 할 것이다."

의사는 말했다:

"왕이시여! 당신은 매일, 청년 두 명씩을 죽여 그 뇌를 뱀에게 먹으라고 주어야만 합니다."

그 때부터 계속 자허크의 명령으로 매일 청년 두 명을 죽였다. 그리고 뱀이 진정하도록 그들의 뇌를 뱀에게 주곤 했다.

한편 자허크가 다쉬테 싸버런지역을 지배하고 있었던 그 시기, 이란의 왕인 잠쉬드는 초기에 현명하고 정의로운 왕이었다. 그래서 백성들에게 친절하고 좋은 왕으로 지내고 있었다. 그런데 차츰 그는 오만하고 자만심에 빠져 살아가는 방법을 바꿔 백성을 탄압하고 억누르는 왕으로 변했다. 그는 자신의 친구들에게도 불친절하고 경시하는 행동을 취했다. 백성을 무지하고 무식한 사람으로 알고 자신은 유식하며 고매한 것으로 보아 백성들을 힘으로 자신에게 복종하도록 만들었다. 잠쉬드왕의 억압과 탄압으로 지쳤고, 다른 한편으로 자허크 왕의 명성을 듣고 있던 이란 인들은 자허크에 가서 그들을 도와 잠쉬드로부터 구해달라고 원했다. 그리하여 그의 군사들을 모아 잠쉬드와 전쟁을 하러 왔다. 자허크와 잠쉬드의 군사들은 서로 마주하고 섰다. 전쟁은 시작되었다. 마침내 잠쉬드는 패배하고 그의 모든 군사들은 사라졌다. 그리고 이란의 억압적이고 지배적인 왕의 생은 끝이 났다. 자허크는 이란의 왕이 되었다. 잠쉬드 왕이 사라지고, 자허크는 좋은 왕이라고 생각하고 있던 이란 인들은 그의 통치를 받아들였다. 그에게 복종했다. 자허크는 이란의 왕이 되자마자, 자신이 했던 지난 방식과 방법을 계속했고 백성을 못살게 굴고 핍박을 가하기 시작했다. 그리고 악마의 유혹에 포로가 되었다. 그의 명령대로 매일 이란인 청년 두 명씩을 죽여, 그들의 뇌를 뱀에게 주고 있었다. 자허크의 억압과 탄압은 더해 갔다. 이란 사람들의 삶을 어렵게 만들었다. 많은 젊은이들은 자신의 가족들과 떨어져 자허크의 궁전에서 죽음으로 사라졌다. 많은 부모들은 자식의 죽음을 슬퍼했다. 이때 악신 아흐리만같은 자허크의 손에 이 땅의 젊은이들이 죽어가는 것으로 심기가 불편했던 이란인 두 사람은 이를 구해낼 생각에 잠겼다. 그리하여 총명함을 발휘했다. 그들은 자신들을 유명한 요리사로 소개하고 자허크의 궁전의 부엌에서 일할 수 있도록 했다. 그들은 매일 한 청년의 뇌와 양 한 마리의 뇌를 뱀에게 주었다. 이리 하여 매일 청년 한 명씩을 죽음에서 구해냈다.

  어느 날 압제자 자허크가 왕좌에 앉아 대신들과 의논을 하고 있을 때, 갑자기 궁전 밖에서 대장장이가 주먹으로 궁전 문을 두드리는 소리가 들렸다. 분노로 자허크를 부르고 있었다. 자허크의 명령으로 대장장이를 궁 안으로 데리고 왔다. 자허크는 숙련된 몸과 힘이 있는 두 손을 가진 대장장이를 보

자 물었다:

"여봐라! 무엇을 원하는지 말해 보거라. 여기서 뭘 하느냐?"

남자는 큰 소리로 말했다:

"압제자 자허크여! 나는 대장장이 커베요. 나는 대장간 일을 하고 있소. 내 자신도 철처럼 강하고 힘이 있소. 죽음을 두려워하지 않소. 당신 또한 두렵지 않소. 나의 아들은 당신 감옥의 포로요. 내 아들을 죽여 그 뇌는 뱀의 먹이가 될 것이오. 난 내 아들을 당신의 손에서 구해 내려고 왔소."

마치 커베의 말과 그가 두려운 것처럼 자허크는 침칙한 소리로 말했다:

"대장장이 커베여! 염려하지 마라, 그대의 아들을 풀어 줄 것이다."

이렇게 하여 자허크의 명령으로, 대장장이 아들을 감옥에서 풀어 주었다.

자허크의 악마 같은 일들 중의 하나는, 자신을 억압과 압제의 치욕에서 구해내고 현명하고 정의로운 왕으로 소개하기 위하여 모든 학자들과 성현들을 모아 그들로 하여금 자신은 깨끗하고 죄가 없으며 정의롭다는 것을 강제로 받아들이게 했다. 그들은 모두 가죽으로 된 비문을 쓰고 자허크는 깨끗하고 좋은 정의로운 왕이라는 것에 대해 (자신들의) 도장을 찍게 했다. 자허크가 대장장이 아들을 풀어 주었을 때, 그를 보며 말했다:

"대장장이 커베여! 나는 그대의 아들을 죽음에서 구했다. 이제 이 가죽으로 된 비문에 도장을 찍어 나의 깨끗함과 공정성을 증언해 주기를 그대에게 원한다."

커베는 비문을 쥐고 화가 나 그것을 찢어 버리고 말했다:

"신에게 맹세컨대 당신은 가장 더럽고 가장 깨끗하지 못한 인간이오. 나는 결코 이 비문에 서명하지 않을 것이오."

그는 아들과 함께 궁을 나왔다. 그리고는 사람들 사이로 갔다. 언제나 자허크 때문에 공포에 쌓인 사람들은 커베와 그의 아들을 보자, 다시 마음을 가다듬었다. 그리고 그들의 두 눈에는 삶에 대한 희망의 불꽃을 조금씩 피웠다. 그들은 싸우기 위해 일어나 압제자 자허크를 없애버리기로 결심했다. 커베는 사람들 맨 앞에서 움직였다. 사람들은 그를 따라 (그 지역의) 큰 광장으로 나아갔다. 그 때 커베는 광장 가운데로 나와 큰 소리로 말했다:

"오 이란 백성이여, 죽음을 두려워하지 마시오. 신은 우리와 함께 있고, 억압받은 사람들의 도움이 있을 거요. 억압과 파멸의 시대는 끝났소. 우리는 반드시 자허크를 없애버리고 그를 이 깨끗한 땅에서 내보내야만 합니다…"

커베는 자신의 대장장이 가죽 앞치마를 벗어 창 끝에 그것을 묶어 깃발을 만들었다. 사람들을 자허크와의 전쟁으로 이끌었다. 사람들도 그의 말을 받아들여 그를 따랐다. 그들은 커베와 함께 이란의 용감한 용사들 중 한 사람인 훼레이둔이라는 이름을 가진 그를 찾아 갔다. 그에게 그들을 도와 달라고 원했다. 자허크는 수년 전 훼레이둔의 아버지를 죽였었다. 훼레이둔은 항상 아버지의 피의 대가를 압제자 자허크에게 받고 싶었던 기회를 찾고 있었다. 그리하여 그 땅의 사람들은 훼레이둔의 지휘대로 전쟁을 준비하게 되어 자허크와 싸우러 갔다.

드디어 싸움의 날이 되었다. 훼레이둔의 군사들과 자허크의 군사들이 서로 마주하고 행렬을 하고 있었다. 훼레이둔과 군사들은 궁전을 향해 공격하게 되었다. 자허크의 군사들을 부수고, 자허크를 잡아들였다. 훼레이둔은 처음에 그를 죽이겠다고 결심했었다. 그러나 모든 사람들의 경고가 되도록 하기 위하여 그를 알보르즈 산 어귀에 감금시켰다. 이렇게 하여 압제자 자허크는 감옥으로 가게 되었고, 훼레이둔왕의 시대가 시작되었다.

제9과
이라즈

　훼레이둔은 대장장이 커베와 백성들의 도움으로 자허크 이후 이란의 왕이 되었다. 그는 통치를 시작한 후, 두 번 결혼했다. 첫 번째 아내 아르나버즈는 쌀름과 투르라는 이름의 두 아들을 낳았고, 두 번째 아내 쇠흐르너즈도 이라즈라는 아들을 하나 두었다. 훼레이둔의 큰 아들인 쌀름은 아버지로부터 생각이 깊고 열심히 노력하는 성질을 물려 받았다. 둘째 아들인 투르는 큰 키에 아버지 훼레이둔의 대담무쌍한 용기를 닮았다. 가장 어린 이라즈는 그의 조상인 할아버지 업틴의 순수하고 온순한 성질과 아버지 훼레이둔의 용맹성을 가지고 있었다. 견줄 데 없는 용감한 용사임에도 불구하고 그는 악마에 대항하는 가장 좋은 방어는 사랑이라는 것을 알고 있었다. 이라즈는 매우 친절하고 다정했다. 매우 착한 성격을 가지고 있어 언제나 입가에 미소를 머금었고 아버지와 형들에게 존경심을 가지고 행동하고 있었다. 그들을 사랑과 애정으로 대했다. 그는 주위사람들과 친구들에게 친절했고, 어려움을 당하여도 인내하고 견디며 자신의 천직으로 받아들였다. 훼레이둔은 항상 자식들에게 평등하게 관심을 보여주려고 애썼음에도 불구하고 마음으로는 이라즈가 갖고 있는 사랑하는 마음과 친절한 모습에 대해 애정을 가지고 있어 그를 사랑하고 있었다. 몇 년이 지나자, 훼레이둔의 아들들은 아버지로부터 전술을 배우기 시작했다. 그들은 건장하고 용감한 용사들이 되었다. 드디어 그들을 결혼시킬 시간이 되었다.

훼레이둔은 예멘의 왕에게 전령을 보냈다. 아들들을 위해 예멘의 왕 세 딸에게 청혼했다. 예멘의 왕은 딸들을 너무 사랑했기 때문에 이별을 견딜 수 없었다. 처음에는 받아들이지 않았다. 그러나 마침내 훼레이둔의 청혼을 받아들이게 되어 자신의 딸들을 그의 아들들의 아내로서 이란으로 보냈다. 큰 딸은 쌀름에게 주었고, 두 번째 딸은 투르의 아내가 되었고, 머흐 어화 리드라는 이름을 가진 세 번째 딸은 이라즈의 아내가 되었다. 결혼식이 거행되었다. 그들은 서로 곁에서 함께 살며 생활을 시작했다. 몇 년이 지나자, 훼레이둔의 머리카락도 조금씩 조금씩 하얗게 되었다. 그의 노년의 시기가 도래했다. 나이가 들고 정신과 육체의 힘이 약해지면 더 이상 나라를 통치할 수 없다는 것을 알고 있는 훼레이둔은 왕위에서 벗어나 나라를 아들들에게 나누어 줄 것을 결심했다. 그는 룸 지역을 큰 아들 쌀름에게 주었다. 중국과 투런 지역[692]은 둘째 아들인 투르에게 주었고, 이란 지역은 이라즈에게 통치하게 하였다.

훼레이둔은 이라즈를 다른 아들들보다 더 좋아했고 그와 멀리 떨어져 살 수 없었기 때문에 항상 그의 곁에 있게 하려고 이란 지역을 그에게 주었다. 시간은 얼마 동안 이렇게 흘렀다.

아버지가 이라즈를 더 사랑해서 날씨 좋은 이란 지역을 그에게 주었다고 느끼고 있던 쌀름과 투르는 점점 이라즈에 대한 심한 증오와 시기를 하게 되어 이라즈로부터 이란 통치를 빼앗으려는 방법을 생각하였다. 인내심과 참을성이 적은 쌀름은 서둘러 투르와 의논하기 위해 룸을 떠나 투런 지역으로 갔다. 형 쌀름이 왔다는 기별을 받은 투르는 그를 맞으러 도시를 나섰다. 둘은 도시 외곽의 막사에서 밤을 지내면서 해결할 방법을 의논하였다.

---

[692] 오늘날 중국과 터어키의 중간 지역 전부를 지칭하며, 트랜스옥시나로 번역되기도 함. 본서에서는 원어대로 번역함.

쌀름은 투르를 보며 말했다:

"아우야! 나는 이란을 통치하고 있는 이라즈를 도저히 참을 수 없구나. 우리 아버지 훼레이둔왕은 실수를 하셔 정도를 벗어나, 잘못 하신거야. 아버지는 이란 지역과 좋은 날씨의 지역을 이라즈에게 주시고 우리들은 물도 풀도 없는 멀리 떨어진 곳으로 추방시켰다."

투르가 말했다:

"쌀름 형! 나도 형과 같은 생각이야. 이라즈는 달콤하고 아첨하는 말로 자신의 의도대로 만들었어. 아버지 마음을 자신에 대해 호의를 갖게 만들어 우리를 제쳐 놓았어. 이라즈가 아버지 곁에 있는 동안 우리들의 상황은 이보다 더 좋게 되지는 않을 거야. 처리해야만 해."

쌀름은 답했다:

"우리 군사들을 데리고 이란을 공격해서 단번에 일을 처리해야만 하겠다."

투르도 받아들였다. 둘은 이라즈를 없애고 그에게서 이란 통치권을 빼앗기로 협상했다. 그 다음날 많은 군사들과 이란 땅을 향해 출발했다. 쌀름과 투르의 군대가 공격한다는 소식이 훼레이둔의 귀에 들렸다. 이라즈에 대해 두 아들이 적대감과 시기심을 가지고 있기 때문이라는 것을 알기 전에, 이 소식을 듣고 화가 나 이라즈와 이야기를 나누기 위해 그를 오라고 불렀다.

이라즈는 언제나처럼 미소와 친절한 바로 그 모습을 하고 훼레이둔에게 와서 물었다:

"아버지! 이렇게 뵙게 되다니 어쩐 일이십니까?"

훼레이둔은 말했다:

"다정한 아들아! 신에게 맹세코 이 세상에는 너처럼 친절하고 착한 성격을 가진 자식은 본 적이 없구나. 어느 누구도 너만큼 사랑하지 않는다.

너의 형들이 너를 죽일 목적을 가지고 있구나. 그래서 너를 없애기 위해 이란으로 군대를 원정했다. 형제로서의 경의를 잊었고 증오와 시기가 그 아이들의 눈을 멀게 했구나. 쌀름과 투르는 내 자식들이고 난 그 아이들을 키워서 잘 알고 있다. 이라즈야! 너를 죽이는 것 만이 그 아이들을 만족시킬 것이다. 자 당장 네 군사들을 데리고 광야로 가 그곳에서 막사를 치고 그들과 싸우기를 난 원한다."

이라즈는 미소를 지으며 답했다:

"아버지, 전쟁과 피를 흘릴 필요가 없어요. 저는 형들을 매우 사랑해요. 결코 그들에게 장검을 뽑지는 않을 거예요. 형들을 적대시 하지 않겠어요. 이제 제 동료와 친구들과 형들을 맞으러 가겠어요. 형들과 친절하고 우호적으로 이야기를 나누겠어요."

이라즈의 목숨을 걱정하는 훼레이둔은 말했다:

"나의 아들아! 나는 너의 진실과 순수함을 믿고 있다. 그렇지만 너의 형들은 네 자리와 관(冠)을 원하는구나. 목적을 이루기 위해 너의 목숨을 원할 것이다."

이라즈는 답했다:

"사랑하는 아버지! 걱정하지 마세요. 저 또한 권좌에 욕심이 없는 걸요. 제 스스로 왕관을 형들에게 줄 거에요. 저는 두 형을 좋아합니다. 그래서 왕권과 권력 때문에 저희들 사이에 반목과 분노가 존재하는 것을 원하지 않아요."

훼레이둔은 이라즈의 목숨이 걱정이 되면서도 이라즈의 의견을 받아들였다. 그리고 이라즈는 동료와 친구들 가운데 몇 명과 함께 쌀름과 투르의 막사로 갔다. 이라즈가 자신들의 막사로 온다는 소식을 들은 쌀름과 투르는 가슴 속에 이라즈에 대해 적대심과 시기와 증오를 가득 품은 채로 거짓 웃음을 지으며 이라즈를 맞으러 갔다. 형들을 만나서 기쁜 이라즈는 진심을 담아 형들을 끌어 안고 입맞춤을 하고 그들을 매우 존경스럽게 대하며 직접 왕관을 큰 형 쌀름의 머리에 씌웠다. 그리고 자신에 대해 품고 있는 증오를 없애기 위해 이란 지역의 지배권을 형들에게 주었다.

쌀름과 투르는 며칠 동안 그들의 막사에 머물며 손님이 되어 달라고 청했다. 이라즈 역시 다정하게 받아들였다. 형들이 베푸는 극진한 대접에 감사했다. 이라즈의 남자다움과 관용을 본 쌀름과 투르의 군사들은 이라즈의 애정을 마음으로 느끼고 그를 좋아하게 되었다. 그리하여 서로 대화 중에 이 모든 남성다운 관대함에 찬탄을 말하며 이라즈에게 박수를 보냈다.

어느 날 밤 군사들의 마음을 알게 된 쌀름은 투르의 막사로 가서 이와 같이 말했다:

"아우야! 우리 군사들이 이라즈를 좋아하게 되어 이라즈에게 호의를 가지고 있다는 것을 알아라. 그와 밀착되어 우리를 홀로 남겨둘게 머지 않았다. 반드시 해결 방법을 생각해야겠다. 그래서 내가 생각을 했는데, 이라즈가 우리에게 이란 왕권을 허락한 것은 옳다. 그렇지만 그가 존재한다는 사실이 우리에겐 위험하다. 이라즈의 관용과 친절이 우리에게는 해가 될 것이다."

"형! 저도 이 점을 잘 알고 있어요. 이라즈의 좋은 성격과 심성이 우리 군사들 모두를 놀라게 만들었어요. 만일 이라즈가 며칠 더 이곳에 머문다면 모두 자기 쪽으로 끌고 가 우리는 홀로 남게 될 것에요. 그러니 반드시 그에게 가르쳐 주어야만 해요. 이라즈에게 자신이 한 행동의 대가를 치르도록 해야만 해요."

쌀름은 말했다:

"오늘밤 그의 막사로 가서 그 아이를 단번에 해 치우고 영원히 이라즈에게서 자유로워 지는 것이 좋겠다."

둘은 그러자고 했다. 그리고 이라즈를 죽이기로 약속했다. 장검을 들고 이라즈의 막사로 갔다. 막사 안으로 들어갔다. 이라즈는 그들의 소리를 듣고 잠이 깨어 놀라 물었다:

"친절한 형님들! 제 막사에 오시다니 무슨 일이세요?"

쌀름은 크게 웃으며 말했다:

"이라즈야 우리는 더 이상 너의 감언에 속지 않을 것이다. 이제 널 죽이기 위해 우리들이 왔다."

투르는 말했다:

"우리는 네 목숨을 가져 갈 것이다. 그래서 영원히 네게서 자유로울 계획이다."

이라즈는 다정하게 말했다:

"형님들! 신에게 맹세코 저는 형님들을 사랑합니다. 죽음이 전혀 두렵지 않습니다. 저는 결코 형님들에게 장검을 들지는 않을 겁니다. 제 자신을 방어하지 않을 겁니다."

아직 이라즈의 말이 끝나지 않았는데 쌀름은 장검을 들고 그를 향해 베었다. 피로 물든 이라즈는 땅에 쓰러졌다. 아직 입가에 상냥한 미소가 머금고 있는 상태로 그의 두 눈은 감겼다. 그리고 영원히 사라졌다.

제10과
훼레이둔

　이란의 푸르고 풍성한 농경지 중의 한 곳에 젊은 남자는 서로 곁에서 행복하게 살고 있었다. 남자의 이름은 업틴이고 농사짓는 일을 하고 있었다. 다정한 아내의 이름은 화라나크였다. 얼마 후, 신은 그들 부부에게 아들을 주어 이름을 훼레이둔이라 지었다. 훼레이둔이 태어나면서 그들의 삶은 다양하게 되었다.

　이 시절, 다쉬테 싸버런의 억압자이며 압제자인 왕 자허크가 자신의 아버지 마르더쓰를 죽이고 왕이 되었었다. 마귀의 유혹의 덫에 걸린 그는 항상 마귀와 한 짝이 되어 함께 하게 되었다. 어느 날 밤 매우 나쁜 꿈을 꾸고, 당황스럽고 비참함에 잠이 깨었다. 그리고는 모든 해몽가들과 자신과 의논을 나누는 신하들을 깨웠다. 그들에게 말했다:

　"잘 들어라. 오늘밤 나는 너무 무서운 악몽을 꾸었다. 그대들은 이 꿈의 의미를 풀도록 해라. 그대들의 죽음과 삶은 이 해몽에 달려 있다는 사실을 알아라."

　해몽가들은 모두 너무 두려운 나머지 새파랗게 질려 한 줄로 서 있었다. 자허크는 큰 소리를 질렀다:

　"나는 우람한 체격의 단련된 전사가 갈고리가 달린 철로 된 매우 무거운 곤봉을 들고 내게 달려오는 꿈을 오늘밤 꾸었다. 내게 가까이 오자마자 그 곤봉으로 날 강하게 내려 치고 나를 포로로 다머반드 산으로 질질 끌고 갔다. 이제 이 남자는 누구이며 이 꿈은 무엇을 의미하는지 말해 보아라."

해몽가들은 모두 침묵을 지켰다. 한 사람도 자허크의 꿈을 해몽할 용기를 가지고 있지 않았다. 자허크는 큰 소리로 만일 꿈을 해몽하지 않으면 반드시 죽일 거라고 그들을 위협했다. 마침내 가장 현명한 해몽가 한 사람이 자허크를 향해 말했다:

"왕이시여! 우리 모두의 끝은 죽음입니다. 죽음은 피할 수 없는 것이지요."

화가 난 자허크는 소리를 질렀다:

"나는 이 세상사람의 위대한 왕이다. 그리고 죽음에 상관없다. 내 꿈의 의미가 무엇이냐?"

해몽가는 답했다:

"왕께서 꿈에서 본 그 전사는 업틴의 아들 훼레이둔으로, 그의 아버지는 왕의 손에 죽을 겁니다. 그래서 그는 어느 날 왕과 싸우기 위해 올 겁니다. 아버지에 대한 복수를 할 겁니다."

화가 잔뜩 난 자허크는 소리를 질렀다:

"그대들은 어서 가서 업틴과 그의 아들 훼레이둔을 잡아 두 사람을 죽여라."

그 후, 자허크의 기마병들은 업틴과 훼레이둔을 찾아 이란으로 길을 나섰다. 그들은 도시 곳곳을, 광야 곳곳을 업틴을 찾기 위해 다녀 그의 농토 근처에 이르렀다.

밭에서 농사일을 하고 있던 업틴은 멀리서 그를 향해 오고 있는 기마병들이 일으키는 먼지를 보았다. 자허크의 군사들이 그에게 가까이 왔다. 그리고 그를 둥글게 에워싸고, 기마병들 중 지휘관이 그를 향해 말했다:

"여보게! 당신 이름이 뭔지 말하게?"

그들의 의도와 목적에 대해 전혀 모르고 있던 업틴은 곧이 곧대로 답했다:

"제 이름은 업틴입니다."

자허크의 기마병들은 그를 잡아 자허크에게 끌고 갔다. 자허크의 명령대로 그를 죽였다. 그리고 그의 뇌를 뱀들의 먹이로 했다. 자허크는 업틴을 죽여 매우 즐거웠다. 그러나 아직 훼레이둔이 살아 있다는 걱정이 있었다. 그는 훼레이둔을 찾아 그 또한 없애 버리라고 군사들에게 명령을 내렸다.

한편, 생각이 깊고 똑똑한 업틴의 아내 화러나크는 만일 이대로 집에 있으면, 조만간 기마병들이 와서 아들을 반드시 찾아낼 것을 알고 있었다. 바로 이런 이유로 집과 농토를 버리고 훼레이둔과 함께 산과 들로 은신처를 찾았다. 화러나크는 3일 낮과 밤을 어린 아들을 데리고 산과 들로 다녔다. 마침내 큰 평야에 이르러 푸르고 풍성한 들로 들어 갔을 때 매우 아름다운 암소가 눈에 띠었다. 소의 젖꼭지에서 젖이 흘리며 광야에서 풀을 먹고 있었다. 화러나크는 아름답고 놀라운 그 소를 보고 기뻤다. 조금씩 삶의 희망을 갖게 되었다. 바로 그 때 친절한 남자인 광야지기가 그 두 사람을 보고 (그들에게) 와서 물었다:

"당신은 누군데 무엇 때문에 이곳으로 왔소?"

화러나크는 답했다:

"아저씨! 저는 억압하는 왕 자허크에게 죽은 업틴의 아내 화러나크이고, 이 아이는 나의 아들 훼레이둔입니다. 지금 이 아이를 업틴처럼 없애버리기 위해 이 아이의 뒤를 찾고 있어요. 저희들을 도와 훼레이둔을 구해 주시기 바래요."

친절한 남자는 그러마고 하고 훼레이둔을 품에 안았다. 그리고 그를 보호하고 보살펴 주기 위해 자신의 집으로 데리고 갔다. 화러나크는 훼레이둔을 구해서 기쁘게 그곳을 떠나 자신의 집으로 돌아갔다. 군사들이 업틴의 집에 와서 아무리 훼레이둔을 찾아 보아도 발견할 수 없었다. 그 후도 얼마 동안 훼레이둔을 찾아 효과 없는 수색을 했지만 역시 찾지 못했다. 그 사이 광야지기는 젖꼭지에서 계속 젖이 나오는 소의 명성이 자허크의 귀에 들릴 때까지 훼레이둔을 그 소젖으로 키우고 있었다. 자허크는 놀라운 그 소를 손에 넣고 싶다고 결심을 하고 군사들을 그 광야로 보냈다. 화러나크는 만일 자허크의 군사들이 소를 데리고 가기 위해 푸르고 풍성한 광야로 간다면 반드시 훼레이둔을 찾아 죽일 것을 알고 있었고, 위험한 느낌을 갖게 되었다. 다시 한번 훼레이둔을 구하기 위해 집을 떠나 광야지기에게 갔다. 지금 3살이 된 훼레이둔을 광야지기에게 받아 광야와 황야로 돌아 다녔다. 며칠 동안 들을 돌아다니다 높은 산에 이르렀다. 산 꼭대기에 고결하고 청조한 한 노인이 살고 있었다. 그는 도시를 떠나 그곳에서 안전하고 소리 없이 신을 경배하며 수 년간 살고 있었다. 두 사람을 본 노인은 물었다:

"당신은 누구시오. 무엇 때문에 이곳으로 온 거요?"

화러나크는 답했다:

"현자 노인이시여! 저와 제 아들 훼레이둔을 자허크의 억압적인 기마병들에게서 구해 주십시오. 그들은 제 아들 훼레이둔을 잡아 죽이려고 합니다."

다정하게 미소를 지으며 노인은 말했다:

"자매여! 걱정하지 말아요. 알아 두시오. 당신과 당신 아들은 안전할 것입니다. 나는 당신에게 은신처를 줄 것이오. 내가 당신들을 지키고 보살펴 주겠오. 이것도 알아 두시오. 신은 억압받는 자들을 도와 주시고 도움을 주신답니다."

이리하여 노인은 화러나크와 훼레이둔에게 은신처를 주었고 그들을 자신이 보살펴 주기로 하여, 두 사람은 참다운 삶을 그곳에서 시작했다. 날이 가고 해가 지나 훼레이둔은 자라고 자라 청년의 나이가 되었다. 그는 전술과 전투법을 노인에게 배워, 용기 있는 전사이고 용감무쌍한 투사가 되었다. 그의 어머니 화러나크에게 사랑과 애정을 배웠고, 사람을 좋아하고 다정하고 친절한 사람이 되었다.

어느 날 훼레이둔은 그의 어머니에게 가서 물었다:

"친절한 어머니! 저는 눈을 뜨는 그 순간부터 어머니 곁에 있으며 어머니를 보아 왔어요, 그렇지만 나의 아버지가 누구인지 어디 계신지 모릅니다. 아버지의 이름을 말해 주시기 바래요. 저는 아버지를 만날 수 있나요?"

화러나크는 다정하게 답해 주었다:

"내 아들아, 네 아버지는 업틴이시다. 네 아버지는 순수하고 정직한 분으로 억압자 자허크 손에 돌아가셨다. 그래, 네 아버지의 살인자는 자허크라는 것을 알아 두어라."

훼레이둔은 그 후부터 자허크에 대한 증오심을 마음에 담고 항상 그와 싸워 아버지 업틴의 피의 댓가를 치를 적당한 기회를 기다리고 있었다.

한편, 이란의 백성들은 대장장이 커베의 지휘대로 자허크에 대항하는 반란을 일으켰다. 그와 싸울 준비가 되어 훼레이둔에게 찾아와 이 싸움에서 그들의 지휘를 맡아 달라고 청했다. 훼레이둔 역시 그들의 청을 받아들이고 그들에게 싸우는 기술을 훈련시키고 교육을 시작했다. 그리고 자허크의 군사들과 싸우기 위한 사람들을 준비했다. 드디어 훼레이둔의 군대는 출발했다. 긴 여정을 한 후, 훼레이둔과 그의 군사들은 자허크와 싸우러 그의 궁전을 가기 위해서는 반드시 건너야만 하는 크고 파도가 출렁이는 강 가까이에 이르렀다. 강은 크고 거대했고, 그 파도는 포효하며 출렁였다. 훼레이둔은 강 곁에 있던 뱃사공들을 찾아 갔다. 그들에게 그와 군사들을 강 저편으로 데리고 가 달라고 청했다. 그렇지만 자허크 쪽으로부터 죽음의 위협을 받고 있던 뱃사공들은 부탁을 받아 들이지 않았다. 훼레이둔과 그의 군사들은 당황스럽고 곤혹스러워 강 이 쪽에서 걸음을 떼며 어떡해 아르반드강(江)쪽으로 갈 수 있을지 생각 중 이었다. 군사들의 선두에 서 있던 훼레이둔은 소리를 질렀다:

"나의 군사들이여! 위대한 신의 도움으로 우리는 발을 뗄 수 있을 것이다. 우리는 강의 파도가 두렵지 않다. 신은 우리를 도와 주실 것이다."

말을 타고 있는 훼레이둔은 물을 헤치고 강으로 들어갔다. 그곳을 지났다. 그의 용기를 보고 있던 군사들은 새로운 다짐을 하고 한 사람이 또 다른 사람의 뒤를 이어 강물로 들어갔다. 그들은 그곳을 통과하고 강 건너편으로 갔다.

드디어 훼레이둔과 자허크의 군사들은 서로 마주하고 줄을 지었다. 훼레이둔은 군사들에게 공격 명령을 내렸다. 그들 역시 자허크의 군대 쪽으로 공격했다. 자허크의 군사들은 하나에 이어 또 다른 하나가 땅에 쓰러졌다. 이리하여 자허크의 군사들은 패배하고 성(城)은 전복되었다. 자허크는 군사들이 패배했다는 것을 알고 재빨리 궁전을 빠져 나갔다. 그리고 몸을 숨겼다. 밤이 되어 성으로 들어가 훼레이둔이 자고 있는 방으로 가 안으로 들어갔다. 그를 죽이려고 훼레이둔 쪽으로 갔다. 그러나 현명한 훼레이둔은 한 순간 재빨리 자리에서 일어나, 철로 된 무거운 곤봉을 손에 잡고 자허크를 향해 강하게 내려쳤다. 자허크는 기절한 듯이 땅에 쓰러졌다. 훼레이둔은 그를 알보르즈산에 감금시켰다. 그리고 이란 백성들의 땅인 이란으로 갔다. 이렇게 훼레이둔이 입성하자, 이란 백성들은 그를 왕으로 받아들이고 새로운 삶을 시작했다.